Frischer Wind in alten Gemäuern

Konschtanz, wie die meisten ihre Heimatstadt nennen, könnte unter dem Gewicht seines historischen Erbes – des berühmten Konzils 1414–1418 zum Beispiel – einknicken und sich als malerische Kulisse vermarkten. Das tut es zum Glück nicht, vielmehr besteht es darauf, eine dynamische, aufstrebende Metropole zu sein. Als erste deutsche Kommune hat Konstanz 2019 den Klimanotstand ausgerufen – und das unter einem CDU-Bürgermeister (der, wie inzwischen die meisten wissen, zugleich Mitglied der Globalisierungsgegner-NGO von attac ist). Unter den zumeist geschichtlich orientierten Stadtführungen sticht jene zum Thema „Erneuerbare Energien" hervor, denn da hat sich in Konstanz viel getan. Dass Fahrradverkehr und E-Mobilität gefördert werden, steht schon lange auf den Beschlussvorlagen aus dem Rathaus.

Dieses Rathaus ist ein typisches Beispiel für das Konstanz von heute: In dem Bau aus dem 16. Jh. weht ein überaus moderner Wind, und ebenso ergeht es den vielen anderen historischen Baudenkmälern, die sich in der Innenstadt mit herrlichen Fassaden zu übertrumpfen suchen und unter deren gotischen Gewölben Bio-Lebensmittel oder Designer-Mode verkauft werden. Oder aber indisch, japanisch, italienisch oder gar badisch gekocht wird. Dass in der Universitätsstadt kein Mangel an Kneipen, Klubs und Lounges herrscht, versteht sich von selbst. Im Sommer verwandeln sich Parks und Grünflächen am See und am Seerhein in Party-Areale.

In seiner Geschichte schwankte Konstanz' Zugehörigkeit – mal war es schwäbisch, dann wieder badisch (was es schließlich blieb). Sogar Schlachten wurden deshalb ausgefochten, was heute nicht mehr vorkommt, ist man doch mit den Schwaben unter dem Dach Baden-Württembergs politisch geeint. Besucher sollten sich trotzdem in Acht nehmen! Konstanz liegt zwar am „Schwäbischen Meer", ist aber durch und durch badisch!

Die Autoren

Unsere Autoren Daniela Schetar und Friedrich Köthe, die seit vielen Jahren Reisebücher für den Reise Know-How Verlag verfassen und meist im europäischen Ausland oder im südlichen Afrika unterwegs sind, haben mit Konstanz eine kleine Stadtoase für sich entdeckt. Das historische Flair gepaart mit frischer Aufbruchsstimmung, das weiche Licht, das der Bodensee beisteuert, und die reizvollen nahen Ausflugsziele nehmen sie immer wieder gefangen. Nicht zu vergessen die kulinarischen Genüsse und die feinen Weine aus der Region!

100ko-fk

Inhalt

Konstanz auf einen Blick
0 200 m
© Reise Know-How 2022
Jenseits des Seerheins (Petershausen) S. 42
Archäologisches Landesmuseum
23
Niederburg-Viertel S. 38
Auf der Insel
20
Münsterplatz S. 33
Münster
17
Rosgarten-museum
7
Südliche Altstadt S. 23
2
Imperia
1
Konzil-gebäude
Hafenareal S. 18

Cleveres Nummernsystem

Die Sehenswürdigkeiten sind im Text und im Kartenmaterial mit derselben **magentafarbenen ovalen Nummer** 1 markiert. Alle anderen Lokalitäten wie Geschäfte, Restaurants usw. tragen ein **Symbol und eine fortlaufende rote Nummer (1)**. Die Liste aller Orte und die Zeichenerklärung befinden sich im Anhang.

Der Schmetterling ...

... zeigt an, wo man Angebote im Bereich des nachhaltigen Tourismus findet.

Bewertung der Sehenswürdigkeiten

★★★ nicht verpassen
★★ besonders sehenswert
★ wichtig für speziell interessierte Besucher

Planquadrat im Kartenmaterial

[A1] Orte ohne diese Angabe liegen außerhalb unserer Karten. Ihre Lage kann aber wie die aller Ortsmarken mithilfe der begleitenden Web-App angezeigt werden (s. Anhang).

Vorwahlen

- **Ortsvorwahl Konstanz:** 07531
- **Landesvorwahl Schweiz:** 0041

In diesem Buch sind sämtliche Telefonnummern mit Vorwahl angegeben.

Updates zum Buch

www.reise-know-how.de/citytrip/konstanz22

Duftende Schönheit: Rosenblüte auf der Insel Mainau 27 (001ko-fk)

NICHT VERPASSEN!

1 Konzilgebäude [C4]
Das gewaltige Gebäude, in dem sich die Konzilteilnehmer endlich auf einen neuen Papst einigen konnten, liegt hübsch am See (s. S. 19).

2 Imperia [D4]
Die große Schöne am Hafen macht sich gehörig über royale wie kirchliche Prominenz lustig und lässt sich – eine Pirouette drehend – von allen Seiten begutachten (s. S. 21).

7 Rosgartenmuseum [B5]
Ein Museum im Museum von anno dazumal, dazu gibt es spannende historische Exponate und einen ausgezeichnet erhaltenen Zunftsaal (s. S. 25).

17 Münster Unserer Lieben Frau mit Münsterturm [C3]
Kirchenkunst von Romanik bis Barock: Das erstaunliche Bauwerk ist Ausdruck der Bedeutung der Bischofsstadt über viele Jahrhunderte (s. S. 34).

20 Auf der Insel [C3]
Das einstige Kloster in Edellage auf dem kleinen Eiland beherbergt heute ein nicht minder exklusives Hotel (s. S. 39).

23 Archäologisches Landesmuseum [D1]
Geschichte sinnlich erfahrbar machen: In diesem Museum wird nicht belehrend der Zeigefinger erhoben, hier macht die Ausstellung richtig Spaß! Auch Kinder finden daran Gefallen (s. S. 43).

27 Insel Mainau [S. 144]
Die Blumeninsel, früher der Privatgarten der schwedischen Bernadottes, ist heute für die Öffentlichkeit zugänglich. Hier finden die Besucher ein Meer aus Blüten unter steinalten Bäumen (s. S. 46).

28 Reichenau [S. 144]]
Kulturlandschaft und Gemüsegarten der Region – aber das ist noch längst nicht alles: Die Insel beeindruckt mit romanischen Kirchenbauten, die die UNESCO als Welterbe schützt (s. S. 50).

KONSTANZ ENTDECKEN

002ko-fk

Willkommen in Konstanz

Was verbinden Besucher mit Konstanz? Auf jeden Fall das **Konstanzer Konzil** (s. S. 100), bei dem 1417 die einzige Papstwahl nördlich der Alpen stattfand und das die Stadt ab 2014 mit einem fünfjährigen Jubiläumsprogramm beging. **Mittelalterliche Architektur** oder das, was gemeinhin unter diesem Begriff zusammengefasst wird, also Bauten der Romanik und Gotik. Eine verwinkelte, romantische Altstadt gehört natürlich dazu und der sensationelle Kirchenbau des Münsters 17. **Badisch-schweizerische Bedächtigkeit** lässt sich ebenfalls mit Konstanz in Verbindung bringen, schließlich ist die Altstadt eingerahmt von der Schweizer Eidgenossenschaft, mit der die Stadt in intensivem Austausch steht. Dann wäre da noch die **Fasnacht** (s. S. 92), ein von der Stadtbevölkerung exzessiv gefeierter Mummenschanz. Alles historisch-traditionelle Aspekte, sieht man von der **Imperia-Statue** 2 ab, die es mittlerweile zum Wahrzeichen des Konstanzer Hafens und zu überregionaler Berühmtheit gebracht hat.

Aber lebt dieses mit Geschichte angefüllte Stadtbilderbuch auch? Nun, unterwegs auf der **Marktstätte** 6 oder im **Niederburg-Viertel** (s. S. 38) verfliegen Zweifel an der Vitalität der größten Stadt am Bodensee sofort. Sie ist nicht nur sehr lebhaft, sondern auch besonders jung, den 16.500 Studenten der u. a. in den 1970er-Jahren gegründeten **Reformuniversität** 26 sei Dank. Die vielen **Kneipen, Bars, Off-Theater und Livebühnen** sind stets gut besetzt und Festivals wie Rock am See (s. S. 92) schnell ausverkauft.

Ein Denkmal wie die Konstanzer Altstadt mit Modernität zu füllen, ist nicht einfach. Der Stadtverwaltung bzw. dem Bauamt gelingt das aber sehr gut: Das **Kulturzentrum** 18 am **Münsterplatz** oder der Anbau der **Reichspost** an der Marktstätte sind nur zwei von vielen Beispielen, bei denen Alt und Neu zu einem wunderbaren Zusammenspiel finden. Einen eigenwilligen Akzent setzen außerdem die Arbeiten des **Bodenseekünstlers Peter Lenk** (s. S. 21): ob Impe-

003ko-fk

Blick vom Münsterturm auf die Dächer von Konstanz

Vorseite: Ehemals Handelshafen, heute Anlegestelle für Freizeitkapitäne

ria, Lenk-Brunnen 16 oder Steinerner Mann im Innenhof des Rathauses 11 – Lenks Skulpturen mangelt es nicht an Spitzen gegenüber Klerus und Politik. Letztere hatte vergeblich versucht, die Aufstellung der Imperia zu verhindern, musste aber schließlich zurückstecken. Wobei man davon ausgehen kann, dass nicht alle, die im Stadtrat dagegen stimmten, auch wirklich überzeugte Gegner waren.

Denn: „Zwei Seelen wohnen, ach! in meiner Brust" ... mit dem Faust'schen Seufzer lässt sich ein **Charakterzug** beschreiben, der dem Besucher in Konstanz häufig begegnet. Man ist einerseits im guten badischen Sinne geschäftig, emsig, tüchtig und zielstrebig, verwandelt sich aber zur Fasnacht oder bei ähnlichen Gelegenheiten in ein anarchisches Schachtelteufelchen, das die eben beschriebenen Tugenden flugs über Bord wirft. Oder wie sollte man sich die gleichzeitige Mitgliedschaft des Oberbürgermeisters Uli Burchardt bei der wertkonservativen CDU und bei den Globalisierungskritikern von Attac anders erklären? Vielleicht auch mit einer gewissen **Liberalität**, einer Abneigung gegen harte Grenzen und Fronten, die die Konstanzer ebenfalls auszeichnet. Schließlich hat das **diplomatische Geschick** der Stadt dazu beigetragen, das Abendländische Schisma (s. S. 99) zu beenden. Und die Konstanzer haben als einzige Europäer einen Abschnitt des Zauns entlang ihrer Außengrenze mit der Schweiz durch eine **Kunstinstallation** (s. „Kunstgrenze" S. 23) ersetzt.

051ko-fk

Die belebte Marktstätte 6 mit der früheren Reichspost im Hintergrund

052ko-fk

Das Strandbad Mettnau (s. S. 125) in Radolfzell 32 lädt an heißen Tagen zum Baden ein

Unterwegs in Konstanz und Umgebung

Konstanz' kompaktes Stadtzentrum erkundet man bequem zu Fuß. Auch das Fahrrad eignet sich gut, besonders wenn Abstecher in weitere Stadtteile – etwa auf die andere Rheinseite – geplant sind. So gut wie alle Straßen und Gassen im Altstadtbereich sind verkehrsberuhigt.

Auf einer Fläche von rund fünf Hektar drängen sich mehr als 600 Einzeldenkmale. Doch keine Sorge! Dieser Reiseführer stellt nicht jedes einzelne vor. Es bleibt also noch genug, das sich auf eigene Faust entdecken lässt. Neben dem größtenteils durch mittelalterliche Strukturen geprägten **Altstadtensemble** rund um das **Münster** 17 faszinieren die **Gründerzeitviertel** im Paradies (s. S. 41) und in Petershausen (s. S. 42), sind sie doch Zeugnisse der zweiten Blüte der Konzilstadt um die Wende vom 19. zum 20. Jh.

005ko-fk

Ein idealer **Ausgangspunkt** für die Erkundung der Altstadt ist die **Marktstätte** 6. Nach Süden erstreckt sich jener Teil der Altstadt, in dem neben **kunsthistorischen Leckerbissen** wie Rathaus 11, Rosgartenmuseum 7 und Dreifaltigkeitskirche 8 auch **Läden** zahlreicher Filialisten vertreten sind. Nach Westen schließt sich der **Obermarkt** 12 mit fantastischen Fassaden der Spätgotik und Renaissance an. Rund um die altehrwürdige Kirche **St. Stephan** 13 wird dienstags und freitags Markt gehalten. In den sich östlich anschließenden Gassen rund um die **Zollernstraße** 15 mit ihren mittelalterlichen Häusern und schicken Boutiquen lassen sich Kultur und Shopping besonders gut vereinen.

Eine Stadt in der Stadt war der **Bischofsbezirk** um das Münster von alters her. Um das den Platz beherrschende Gotteshaus scheinen sich die Häuser zu ducken. Das Feuerwerk romanischer und gotischer Bau-, Fresken- und Bildhauerkunst in der Kirche und ihren Anbauten ist einzigartig. Danach muss man sich erst einmal erholen – am besten im **Café-Restaurant des Kulturzentrums** 18 (Wessenberg, s. S. 79), das der Gotik moderne Formen entgegenstellt.

Zum Abschluss steht ein Bummel durch das **Niederburg-Viertel** (s. S. 38) auf dem Programm: Mittelalterflair und zahlreiche Weinstuben prägen das älteste Viertel von Konstanz, das im Norden am **Seerhein** endet. Der sich südlich von Auf der Insel 20 anschließende **Stadtgarten** 3 ist eine Oase des Friedens, in der man gerne verweilt, um den ein- und auslaufenden Booten am Gondelhafen zuzusehen.

Der mächtige Bau des historischen **Konzilgebäudes** 1 am Hafen ist fast ebenso markant wie die Statue der **Imperia** 2, die ankommenden Schiffen zwei nackte Greise entgegenhält – Ähnlichkeiten mit päpstlichen oder königlichen Protagonisten des Konzils sind „reiner Zufall".

Was **Nachtleben und Unterhaltung** angeht, hat Konstanz viel zu bieten: Mehrere Kleinkunstbühnen und Theater (s. S. 85) werben mit mal folkloristischem, mal avantgardistischem Programm. Auch die Zahl der Kneipen, Bars, Lounges und Klubs kann sich sehen lassen – schließlich ist Konstanz eine Studentenstadt. Allerdings sind die emsigen Konstanzer anscheinend auch Frühaufsteher, denn wochentags wird es meist schon um 23 Uhr recht einsam auf den Straßen. Dafür wird an den Wochenenden exzessiv gefeiert. Übrigens befinden sich die meisten Locations für Nachtschwärmer in der **Altstadt**.

Genug Mittelalterliches gesehen? Dann empfiehlt sich ein Abstecher in das bereits erwähnte **Petershausen** mit seinem von Gründerzeitvillen gesäumten Musikviertel entlang der **Seestraße/Nordufer** 24.

Oder man flaniert an der schicken, neuen **Rheinpromenade** nach Westen bis zum Neubaugebiet Great Lakes. Keinesfalls verpassen sollte man das **Archäologische Landesmuseum** 23 mit seiner einzigartigen Sammlung zur Vor-, Früh- und mittelalterlichen Geschichte von Stadt und Region. Und warum nicht einen Blick auf die **Universität** 26 werfen, die als innovative junge Hochschule jedes Jahr beim weltweiten THE-Ranking („Times Higher Education") vordere Plätze belegt?

Last but not least das **Ausflugs- und Freizeitangebot:** Petershausen besitzt zwei schöne **Strandbäder**, das Rheinstrandbad (s. S. 124) und das Strandbad Horn (s. S. 124). In einer Dreiviertelstunde radelt man immer am Bodenseeufer entlang nach Nordosten bis zur **Insel Mainau** 27, die zu nahezu jeder Jahreszeit mit ihrem Blütenmeer begeistert. In Gegenrichtung ist es per pedales eine gute halbe Stunde zur Gemüseinsel **Reichenau** 28 auf der anderen Seite des Bodanrücks, deren romanische Basiliken zum UNESCO-Weltkulturerbe zählen. Eine Rundfahrt über die malerische **Halbinsel Höri** (s. S. 58) am Untersee folgt den Spuren von Schriftstellern und Künstlern wie Hermann Hesse und Otto Dix. Weitere Ausflugsziele wie die historischen Bodenseestädte **Überlingen** 40, **Meersburg** 46 und **Friedrichshafen** 48 mit Zeppelin Museum 49 und Dornier Museum 50 sind bequem **per Schiff** (s. S. 130) erreichbar.

006ko-fk

Das Schwedenkreuz am Übergang zur Insel Mainau 27

Sanftes Plätschern: Stadtbrunnen am Konstanzer Bodanplatz [B6]

007ko-fk

Konstanz an einem Tag

Mit einer Fläche von 1,3 km² in Form eines Trapezes ist die Konstanzer Altstadt sehr übersichtlich, fordert dem Tagesbesucher jedoch mit ihrer Konzentration architektonischer Schmuckstücke, spannender Museen und Shoppingmöglichkeiten einiges an Laufvermögen ab.

Unbedingt besuchenswert ist das **Hafenareal** (s. S. 18) mit Imperia 2 und Konzilgebäude 1. Über die Marktstätte 6 gelangt man in den Altstadtbereich, dessen Höhepunkt das **Münster** 17 und das malerische **Niederburg-Viertel** (s. S. 38) bilden. **Kunsthistorisch Interessierte** werden sich am Schmuck und den Baudetails des Gotteshauses nicht sattsehen können, während man in Niederburg dem Konstanz von anno dazumal begegnet. Übrigens ist auch die Kunstsammlung der **Städtischen Wessenberg-Galerie** 18 mit Werken von Malern des Bodenseeraums sehenswert, ebenso wie die Ausstellung „Kunst im Gewölbe" mit zeitgenössischen Werken – beide sind Teil des **Kulturzentrums** am Münsterplatz.

Historisches Flair zeichnet den von stolzen Fassaden gerahmten **Obermarkt** 12 und die Gassen um die **Zollernstraße** 15 aus – hier kann man wunderbar in **Boutiquen** und **Schmuckgeschäften** stöbern. Von der obersten Etage des **Möbelhauses smow** (s. S. 89) liegt dem Betrachter ganz Konstanz zu Füßen. Und vielleicht entdeckt man ausgerechnet in diesem wunderbaren gotischen Bau den lange gesuchten Designersessel?

Großes Interesse an Konstanz' **Geschichte?** Dann führt kein Weg am **Rosgartenmuseum** 7 vorbei, das unter anderem mit einer original erhaltenen Zunftstube das Konstanz des Konzils aufleben lässt. Ein paar Straßen weiter lockt ein weiterer Zeitzeuge: Auf einem Fresko der **Dreifaltigkeitskirche** 8 ließ sich König Sigismund als sein eigener Namenspatron abbilden. Wie es hinter den hohen, verschlossenen Fassaden der gotischen Häuser einst ausgesehen hat, kann man in der **Parfümerie Gradmann** (s. S. 89) in der Hussenstraße sehen: Ihr Hinterhof gleicht einem verwunschenen Gärtchen. Nicht weit entfernt erinnert das **Hus-Haus** 10 an den während des Konzils zu Tode verurteilten Reforma-

Für Wissbegierige hängen vielerorts in Konstanz praktische Informationstafeln

Romanisches Kleinod: die Kirche St. Georg 29 auf der malerischen Insel Reichenau 28

tor aus Böhmen. Zum **Schnetztor** 9, einem malerischen mittelalterlichen Torturm, sind es nur wenige Schritte. Die beiden anderen noch erhaltenen Türme, der **Rheintor- und der Pulverturm** 22, stehen am gegenüberliegenden, nordöstlichen Ende der Altstadt am Seerhein. **Auf der Insel** 20 erinnern ein bezaubernder Kreuzgang und historistische Wandbilder daran, dass das heutige Steigenberger Inselhotel (s. S. 129) ursprünglich ein Dominikanerkloster war.

Kinder finden altes Gemäuer meist nicht so interessant – zum Glück mangelt es Konstanz nicht an kindgerechten Angeboten. Da wäre zum einen das **Archäologische Landesmuseum** 23, ein Muss für Konstanz-Besucher, in dessen oberster Etage sich – bislang leider nur im Winterhalbjahr – eine grandiose, aus **Playmobil-Figuren** gebaute Ausstellung zu jährlich wechselnden Themen verbirgt. Wetten, die Kleinen wollen nie mehr weg. Oder doch? Schließlich lauern im **Sea Life Konstanz** 4 Tintenfische in Höhlen, Haie drehen über den Köpfen der Besucher ihre Runden und man darf Seesterne streicheln. Gleich daneben lernen die Älteren im **Bodensee-Naturmuseum** 5, wie es vor Urzeiten rund um den Bodensee ausgesehen hat und welchen Bedrohungen das ökologische Gleichgewicht heute ausgesetzt ist. Danach geht es zum Toben auf den **Spielplatz „steine im fluss“** oder die Familie mietet am Gondelhafen ein **Tretboot** und umrundet die Imperia. Auch ein Ausflug auf die Blumeninsel **Mainau** 27 mit Abenteuerspielplatz und Klettergarten eignet sich perfekt für Familien.

Sportliche Naturen radeln am besten von der Altstadt auf die Insel **Reichenau** 28 oder nach **Mainau.** Oder aber man umrundet gleich die gesamte **Halbinsel Bodanrück** (s. S. 46).

Ornithologisch Interessierten sei ein Radausflug zum **Wollmatinger Ried** empfohlen.

008ko-fk

Kurztrip nach Konstanz

Tag 1: Altstadt und Petershausen

Der **Stadtspaziergang** (s. S. 15) füllt den ersten Tag und präsentiert alle wichtigen und etliche verborgene Sehenswürdigkeiten der Altstadt.

Nach dem Besuch des **Archäologischen Landesmuseums** (23) empfiehlt sich als Alternative zu **Auf der Insel** (20) und **Hafenareal** (s. S. 18) ein Bummel entlang der **Seestraße/Nordufer** (24) von der alten Rheinbrücke nach Osten. Jugendstilfassaden, Villen, Bodensee-Therme (s. S. 124) und Strandbad Horn (s. S. 124) säumen die Straße, die später in einen Seeuferweg übergeht. Der Blick über den See auf die Altstadt ist ungemein romantisch. Zum **Abendessen** könnte man dann auch gleich auf der Petershausener Seite einkehren, beispielsweise im **Wohnzimmer** (s. S. 79). Danach bummelt man durch die Altstadt zurück zur Unterkunft und lässt sich vielleicht noch zu einem **Kneipenbesuch** verführen.

011ko-fk

Tag 2: Die nähere Umgebung

Auf die **Insel Mainau** (27) gelangt man am schnellsten mit dem **Auto** oder mit dem **Bus** Nr. 4/13 bzw. 13/4. Wer es gemütlich angeht, sollte mindestens **zwei bis drei Stunden** für die Besichtigung der Blumeninsel einplanen, Familien eher noch mehr, denn Abenteuerspielplatz und Streichelzoo ziehen die Kleinen sicherlich in ihren Bann.

Danach geht es quer über die **Halbinsel Bodanrück** (s. S. 46) an den **Untersee** und auf die Insel **Reichenau** (28) mit ihren zum UNESCO-Welterbe zählenden romanischen Basiliken und den großen Gemüse- und Obstfeldern. Vor der Besichtigung wäre hier der ideale Ort für eine **Mittagsrast.**

Eine Rundtour zu allen Sehenswürdigkeiten beansprucht mindestens **drei Stunden,** die man an einem heißen Sommertag mit einem Bad im **Strandbad Baurenhorn** (s. S. 124) beschließen kann. Auf dem Rückweg lohnt zumindest ein kurzer Stopp am Naturschutzgebiet **Wollmatinger Ried**: Von der Plattform am Reichenauer Damm lassen sich die Wasservögel sehr gut beobachten.

Am späten Nachmittag bietet sich ein Bummel über das Konstanzer **Hafenareal** an, gefolgt von einem Aperitif in einem der **Cafés** an der **Marktstätte** (6), z. B. im **Pano Brot & Kaffee** (s. S. 81). Familien mit Kindern haben vielleicht noch Lust auf eine Stippvisite im **Sea Life Konstanz** (4).

Pause im Innenhof des Wessenbergkomplexes mit Kulturzentrum (18)

Empfehlenswerter Stadtspaziergang

Gibt es eine markanteren **Ausgangspunkt** für den (ohne Museumsbesuche zwei- bis dreistündigen) Rundgang durch Konstanz als die **Imperia** 2 am **Hafen?** Viele Besucher kommen hier mit dem Katamaran aus Friedrichshafen 48 an und sind gleich mit zwei Aspekten des Konstanzer Konzils (1414–1418) konfrontiert: dem **Konzilgebäude** 1 selbst, in dem – einmalig in der Geschichte der katholischen Kirche – ein Papst in einem Ort nördlich der Alpen gewählt wurde, und besagter Imperia, die das Konzil bzw. dessen Protagonisten ironisch auf die Schippe nimmt.

Durch die als Urban Art Gallery aufgewertete **Unterführung** geht es weiter zur **Marktstätte** 6, gute Stube, Flaniermeile und Treffpunkt in einem. Gerne verabredet man sich am auffälligen **Kaiserbrunnen** oder einem der vielen Straßencafés. Lebhaft geht es auch in der **Rosgartenstraße** mit ihren vielen Läden zu. Ein Besuch des **Rosgartenmuseums** 7, das durch die Geschichte von Konstanz führt, sei dem Besucher ebenso ans Herz gelegt wie ein Blick in die **Dreifaltigkeitskirche** 8 mit ihren sensationellen Fresken aus der Zeit des Konzils (von der Rosgartenstraße links in die Untere Augustinerstraße).

Wieder zurück auf der Rosgartenstraße, mündet die **Neugasse** in die Hussengasse mit dem **Schnetztor** 9, einem der drei noch erhaltenen Türme der mittelalterlichen Stadtbefestigung. Wenige Schritte entfernt erinnert das **Hus-Haus** 10 an den böhmischen Reformator, der während des Konzils zum Tode verurteilt und auf dem Scheiterhaufen verbrannt wurde, obwohl ihm König Sigismund freies Geleit zugesichert hatte (s. S. 100).

Am **Rathaus** 11 vorbei, dessen idyllischer Innenhof sich für eine Pause anbietet, führt der Rundgang zum **Obermarkt** 12 mit seinen herrlichen, mit Fresken bemalten Fassaden.

Über die Paradiesstraße geht es zunächst auf die **Lutherkirche** zu, dann nach rechts in die Untere Laube und wieder rechts in die Münzgasse. Schlicht und streng, doch ungewöhnlich farbig präsentiert sich nun linker Hand **St. Stephan** 13. Die Kirche, eines der ältesten Gotteshäuser

Routenverlauf im Stadtplan

Der hier beschriebene Spaziergang ist mit einer farbigen Linie im Stadtplan eingezeichnet.

012ko-fk

So schön altmodisch sieht es im Rosgartenmuseum 7 aus

Das gibt es nur in Konstanz

- **Ein chinesisches Buswartehäuschen:** Als Konstanz' chinesische Partnerstadt Souzhou 2006 den Stadtrat mit einem Buswartehäuschen als Geschenk überraschte, stellte sich zunächst die Frage: Wohin damit? An der Konzilstraße [C2–4] hat der wie eine Pagode gestaltete Warteraum nun einen guten Platz gefunden.
- **Telefonierende Engel:** Dem flüchtigen Betrachter fällt am Giebelfries des ehemaligen Reichspostamtes (heute Sitz der Sparkasse) an der Marktstätte 6 wahrscheinlich nichts auf, doch bei genauerem Hinsehen bemerkt man, dass die beiden Putten links und rechts Telefonhörer in den Händen halten. Eine originelle Anspielung auf den Zweck des Gebäudes und die damals noch nicht alltägliche Verwendung des Telefons.
- **Der Heilige Geist in Menschengestalt:** Seit dem 17. Jh. ist es durch päpstliches Edikt verboten, dem Heiligen Geist ein menschliches Antlitz zu verleihen. Der Künstler in der Kirche St. Stephan 13 tat dies trotzdem und wurde offensichtlich vom Bistum nicht daran gehindert, wahrscheinlich, weil der Abgebildete darauf sehr gütig und freundlich aussieht. Und sein Symbol, die Taube, ist ja auch dabei.

013ko-fk

- **Die EU-Grenze im Kunstrausch:** Es ist gar nicht so lange her, dass der Grenzverlauf zwischen Konstanz und der Schweizer Nachbarstadt Kreuzlingen auf dem Areal Klein-Venedigs genauso aussah, wie man es von einer europäischen Außengrenze erwartet: Ein Zaun hinderte am unkontrollierten Grenzübertritt. 2004 hatten die beiden Stadtoberen Josef Frank und Franz Bieri die Idee, eine neue Form der Grenzmarkierung einzurichten. 16 Gremien mussten dem Projekt zustimmen, 2006 wurde der Drahtzaun auf 200 m Länge abgerissen und durch 22 vom Tarot inspirierte Skulpturen des Künstlers Johannes Dörflinger ersetzt. Die EU hatte ihre erste „Kunstgrenze" [D6] und verteidigt diese seither mit der Macht der Wahrsagerei.
- **Rheinkilometer „0":** Wo denn der Rhein ab seinem Seeausfluss exakt beginnt und ab welcher Stelle er vermessen werden sollte, darüber wurde in der Geschichte häufig und viel gestritten. Die Querelen beendete ein Beschluss vom 1. April 1939, der den Kilometer 0 für Konstanz festlegte, und zwar exakt an der (alten) Rheinbrücke. Nun gab es aber ein Problem. Zwischen 1883 und 1910 hatte jedes der „Anrainer-Länder" Baden, Bayern, Hessen und Preußen eine eigene Kilometrierung vorgenommen, sodass es viermal den Kilometer 0 gab. Auf die genaue Einmessung jedes Kilometerpunktes wollte man aber 1939 nicht verzich-

ten, weswegen man diese beibehielt. Da aber nach der alten Kilometrierung eine Landesgrenze natürlich nicht bei genau einem Kilometerpunkt endete, sondern irgendwo dazwischen, musste man bei den Landesgrenzen „kurze Kilometer“ einführen. Die Gesamtkilometrierung des Rheins ist aus diesem Grunde 1,2 km länger als der Fluss selbst.

› **Einen CDU-Bürgermeister, der zugleich Attac-Mitglied ist:** Nach Meinung von Uli Burchardt, der seit 2012 als Oberbürgermeister im Konstanzer Rathaus sitzt, ist das kein Widerspruch, schließlich sei der Gründungsgedanke von Attac ja die Besteuerung von Finanzgeschäften gewesen – ein Anliegen, das dem Stadtoberhaupt einer Gemeinde, die vom Steuerparadies Schweiz quasi eingekesselt ist, nicht fremd sein dürfte.

› **Störche auf dem Zeltplatz:** Nicht direkt in Konstanz, aber auf dem Campingplatz Klausenhorn (s. S. 129), 12 km nordöstlich am Überlinger See gelegen, leben Herr Klapper und Frau Storch, wie sie im Volksmund heißen. Sie besuchen das auf einem 15 Meter hohen Lärchenstamm angebrachte Nest seit 2011 jeden Sommer und fühlen sich dort als Dauercamper, umgeben von Gleichgesinnten, offensichtlich sehr wohl.

Originelle Bushaltestelle: chinesisches Wartehäuschen

der Stadt, verlor in der Reformation all ihre Schätze. Nur die wunderbaren Heiligenfresken an den Säulen konkurrieren heute mit der neugotischen Ausstattung. An Markttagen ist der Platz um das Gotteshaus mit buntem Leben erfüllt.

Knurrt der Magen? Unter den vielen Cafés und Restaurants lädt das originelle **Voglhaus** (s. S. 79) zu einer Rast mit knusprigen belegten Brötchen und feinem Kuchen, alles in Bioqualität. Nicht verpassen sollte man das stille Örtchen, wo man sein Geschäft begleitet von Vogelgezwitscher erledigt.

Ein Bummel durch die angrenzenden Gassen führt weiter auf den Spuren des Konstanzer Mittelalters: Über die **Wessenbergstraße** (14) gelangt man in die **Zollernstraße** (15) – den ehemaligen Fischmarkt – und über die Gassen Vor der Halde und Hofhalde wieder zurück.

Nun gilt es, ein wahres Feuerwerk von Kunstwerken und Architekturstilen zu würdigen, welches das **Münster** (17) mit Mauritiusrotunde, Krypta und Kreuzgang auszeichnet. Danach führen 245 Stufen auf den **Münsterturm**, von dem aus Konstanz wie ein Spielzeugstädtchen anmutet.

Am **Stadttheater** (19) vorbei überquert man nun die **Konzilstraße** mit dem eigenwilligen chinesischen Wartehäuschen (s. S. 16). Rechts kann man **Auf der Insel** (20) das zum Hotel umgewandelte Dominikanerkloster besuchen. Der frühgotische Kreuzgang lässt erahnen, wie eindrucksvoll der Konvent einmal gewesen sein muss.

Über die Insel-, die Rhein- und die Niederburggasse geht es zurück in der Altstadt, wo man sich der weiteren Erkundung des **Niederburg-Viertels** (s. S. 38), des ältesten nicht-

014ko-fk

Der wuchtige Rheintorturm 22 steht seit 800 Jahren am Seerhein

bischöflichen Stadtteils, widmet. Malerische Altstadtgassen, gotische Fassaden und gemütliche Weinstuben verleihen ihm ein sehr entspanntes Flair. Wer mag, kehrt auf eine *Seele* und ein Gläschen Weißwein ein, z. B. im **Weinkeller** oder in der **Weinstube Fritz** (beide s. S. 83).

Rheintor- und Pulverturm 22 markieren die nördliche Altstadtgrenze am Ufer des Seerheins. Über die rechter Hand liegende (alte) **Rheinbrücke**, die den Rheinkilometer „0" (s. S. 16) markiert, geht es nun nach **Petershausen** (s. S. 42) und zum sehenswerten **Archäologischen Landesmuseum** 23. Über die westlich liegende **Fahrradbrücke** überquert man abermals den Rhein und flaniert am anderen Ufer zurück Richtung Rheintorturm. Schließlich führt der Bummel die Konzilstraße entlang und durch den **Stadtgarten** 3, bis man wiederum Konzilgebäude und Hafen erreicht – hier endet der Stadtspaziergang.

Erlebenswertes in der Altstadt

Die auf einer Landzunge zwischen dem Bodensee im Osten und dem Seerhein im Norden gelegene Konstanzer Altstadt ist in ihrer Ausdehnung seit dem 15. Jh. nahezu unverändert. Ihren westlichen Abschluss bildet die Straße Obere bzw. Untere Laube, im Süden stößt sie an die Schweizer Grenze. Da sie im Zweiten Weltkrieg unbeschädigt blieb, finden sich hier über 600 Einzeldenkmale zwischen Romanik und Historismus. Die mittelalterliche Struktur von Plätzen und Gassen ist wunderbar erhalten. Zugleich erfüllen die Pfahlkonstruktionen, die große Teile der Altstadt im sumpfigen, dem See abgetrotzten Grund verankern, noch immer ihre Funktion.

Hafenareal

Das Hafenareal [D5] mit Schiffslände, Konzilgebäude 1 und Stadtgarten 3 ist durch die **Eisenbahnschienen** von der Altstadt getrennt. Durch das rasante Wachstum der Stadt zwischen dem 10. und 15. Jh. zog der Hafen mehrmals um. Eine **erste Anlegestelle** ist um 900 bezeugt, damals an der Kirche St. Stephan 13, also heute ein gutes Stück vom See landeinwärts. Sein jetziger Standort ist seit spätestens 1388 belegt, als die Stadt das Kaufhaus (heute Konzilgebäude) errichten ließ. In den knapp 500 Jahren, die zwischen diesen beiden Jahreszahlen liegen, dehnte sich die Altstadt auf sumpfigem Grund nach Osten bis zum heutigen Seeufer aus.

Jachthafen, Anlegestelle für die Katamarane nach Friedrichshafen 48, die Schiffe der Bodenseeschifffahrt (s. S. 130) und verschiedenste Ausflugsboote – rund um die **Schiffslände** herrscht fast immer reger Betrieb. Zugleich kann man im schattigen Stadtgarten, am Kai entlang oder auf der Mole spazieren gehen, dem bunten Treiben zusehen oder selbst ein **Boot** ausleihen (s. S. 125).

Südlich schließt das Bahnhofsgelände mit dem 1863 in Dienst genommenen, neugotischen **Bahnhof** an, der nicht zufällig entfernt an den Palazzo Vecchio in Florenz erinnert. Weiter nach Süden erstreckt sich **Klein-Venedig** [D6], ein Festplatz, dessen malerischer Name dem eher trostlosen Areal ziemlich schmeichelt, bis zur Schweizer Grenze. Über die kreative Nutzung der Brache wird viel diskutiert, 2021 öffnete hier die Beachbar „SandPerle“, doch bislang bleibt der moderne Bau des **Sea Life Konstanz** 4 der einzige markante Punkt.

1 Konzilgebäude ★★ [C4]

In dem markanten Bau am See wurde durch die Papstwahl 1417 das Abendländische Schisma der katholischen Kirche beendet. Seine eigentliche Bedeutung war allerdings eine andere: Als sogenanntes Kaufhaus diente es den Handelstransaktionen internationaler Händler.

1391 gilt als Jahr der Fertigstellung des Kaufhauses, das die Freie Reichsstadt Konstanz auf Anregung Mailänder Kaufleute bei einem Meister Arnold in Auftrag gegeben hatte. Das **Warenlager** für fremde und einheimische Händler haben die Baumeister auf Pfählen so nah an den See gebaut, dass die **Schiffe** direkt daran anlegen konnten. **Kräne** hoben die Warenladungen aus den Schiffsbäuchen in die jeweiligen Stockwerke –

Hausnamen als Sgraffiti

Bereits ein flüchtiger Blick auf die Altstadthäuser lässt erkennen, dass viele Fassaden mit Sgraffiti oder Plattenmosaiken in einem recht einheitlichen, sachlichen Stil geschmückt sind, den man irgendwo zwischen 1950er- und 60er-Jahren verorten würde. Urheber der Bilder war der Maler **Hans Ferdinand Sauerbruch** (1910–1996). Der in Marburg geborene Sohn des berühmten Chirurgen Sauerbruch lebte ab 1946 bis zu seinem Tod in Konstanz und fertigte in dieser Zeit 77 Fresken an, die vorrangig Hauszeichen zum Thema haben. Jede Fassade bekam, dem alten Hausnamen entsprechend, ein Sgraffito, das auf diese Art und Weise auch den historischen Namen und die damit verbundene Geschichte des Hauses bewahrte – denn längst verwendete man in Konstanz natürlich nicht mehr das Hausnamen-, sondern das Hausnummernsystem.

Für Außenstehende mögen die wie Zeichnungen aussehenden Sgraffiti gewöhnungsbedürftig sein, wünscht man sich doch eine Gotik- oder Renaissancefassade möglichst unverfälscht zu sehen. Die Konstanzer aber lieben ihren Sauerbruch und setzen sich engagiert für den Erhalt der Bilder ein, wenn etwa energetische Sanierungen anstehen, die Sauerbruchs Kunst überdecken würden.

015ko-fk

ebenerdig für kurzzeitige Lagerung, weiter oben für längere Lagerphasen. Die Handelsgüter erreichten Konstanz entweder von Norden kommend über den Rhein oder von Westen auf Fuhrwerken (vom Fernhandelsweg und auf der Donau) und dann weiter auf den Bodenseeschiffen. Die Konstanzer Kontakte nach Süden konzentrierten sich vornehmlich auf **Oberitalien**, vor allem auf Mailand. Die italienischen Händler hatten durch immer wieder aufflammende Kriege in der Schweiz ihre traditionellen Handelswege verloren und deshalb großes Interesse an Konstanz als Handelsplatz.

Wie bedeutend der Handelsverkehr war, belegen die **Ausmaße** des Kaufhauses: Auf einer Grundfläche von 50 mal 23 Metern ließ es Meister Arnold bis zu einer Höhe von elf Metern mauern und setzte ein Walmdach darauf, das eine Firsthöhe von 28 Metern aufwies.

Bis zu Beginn des 19. Jh., also fast 500 Jahre, war dieser **größte noch erhaltene mittelalterliche Profanbau Süddeutschlands** als Handelshaus in Benutzung. Danach diente er zwischenzeitlich als **Zollamt**. Eine Zeit lang führte sogar ein Schienenstrang der neu verlegten Bahnlinie durch das Erdgeschoss. Heute vermietet man die Räume zu besonderen Anlässen. Eine **individuelle Besichtigung** ist zwar **nicht möglich**, aber manchmal stehen die Tore offen und man kann sich in die mit historistischen Fresken aus dem 19./20. Jh. geschmückten Festräume „stehlen". Dann sollte man es auch nicht versäumen, das Dachgeschoss zu besuchen, dessen monumentale Holzkonstruktion heute noch Respekt vor den Fertigkeiten Meister Arnolds abnötigt.

Die 500 Jahre als Kaufhaus haben nicht so nachhaltige Spuren hinterlassen wie die vier Tage im Jahr 1417, als das Gebäude unter schärfsten Sicherheitsvorkehrungen vom 8. bis zum 11. November das **Konklave** beherbergte, bei dem die Kardinäle Papst Martin V. kürten. Dieses Ereignis war der Höhepunkt des **Konstanzer Konzils** 1414–1418 (s. S. 100) und beendete das kirchliche Schisma mit drei miteinander konkurrierenden Päpsten. Im 19. Jh., als das Kaufhaus seine Funktion verloren hatte, bürgerte sich in Erinnerung an die Papstwahl der Name Konzilgebäude oder kurz Konzil ein.

› Hafenstr. 2, www.konzil-konstanz.de, mit Restaurant Patronentasche (s. S. 78)

016ko-fk

2 Imperia ★★ [D4]

Nicht ganz unbescheiden schmückt sich Konstanz mit einer Art „Freiheitsstatue". Diese trägt allerdings nicht die Fackel der Freiheit, sondern zwei nackte Greise in den Händen.

Die eigenwillige, neun Meter hohe **Betonstatue** an der Spitze der Mole hat einen Bezug zum Konstanzer Konzil (s. S. 100). Der Bodensee-Bildhauer **Peter Lenk** (s. rechts) ließ sich von einer **Erzählung Honoré de Balzacs** namens „La Belle Impéria" inspirieren. Balzac berichtet darin vom Treiben der Kurtisane Imperia beim Konstanzer Konzil und beschreibt sie folgendermaßen: „War doch Imperia die anspruchsvollste und launischste Dirne des Erdenrundes und nicht sowohl für ihre unübertroffene Schönheit, als für ihre Kunst bekannt, gleichermaßen Kardinäle, Leuteschinder und raue Krieger zu knechten." In Lenks Interpretation knechtet Imperia den neu gewählten **Papst Martin** und **König Sigismund**, die beide nackt in ihren ausgebreiteten Händen hocken. Dabei vermeidet Lenk allerdings jeden Personenbezug und bezeichnet die beiden Gestalten als Gaukler, die sich die Insignien kirchlicher und weltlicher Macht angeeignet hätten.

Die sich langsam um sich selbst drehende, 1993 enthüllte Statue ist heute wohl **Konstanz' berühmtestes Wahrzeichen.** Auftraggeber war die Bodenseeschifffahrt (s. S. 130), die Stadt hatte kein Mitspracherecht. Prominente kirchliche Würdenträger empörten sich, ebenso wie Stadtrat und Kunstverein. Heute möchte die Imperia wohl niemand mehr missen.

017ko-fk

KURZ & KNAPP

Peter Lenk

Der in Bodman 34 lebende Bildhauer Peter Lenk (geb. 1947) ist, sagen wir mal, nicht unumstritten. Die einen halten ihn für einen der famosesten Künstler der Gegenwart, einen **Satiriker,** der alle Schuldigen mit der genialen Herausarbeitung des jeweiligen Charakters gnadenlos desavouiert. Die anderen finden ihn schlicht **geschmacklos:** Angela Merkel nackt und ihre Hand am Gemächt des ebenfalls nackten Edmund Stoiber (s. S. 110)? Geht gar nicht! Seine **Werke** sind in Konstanz zu sehen (Imperia 2, Lenk-Brunnen 16), ferner in Bodman, Überlingen 40 und Meersburg 46.

› www.peter-lenk.de

◁ Erst Lagerhaus, dann Tagungsort fürs Konklave: das Konzilgebäude 1

△ Imperia – eine Wahrzeichen, das anfangs für viel Aufregung sorgte

3 Stadtgarten ★ [D4]

Die kleine grüne Oase am See lädt zu einer Erholungspause mit Blick auf Haubentaucher und Schwäne ein.

Die 2,7 Hektar große Fläche hat man ab 1863 mit **Trümmern der abgerissenen mittelalterlichen Stadtmauer** aufgeschüttet und 1879 als Grünfläche eingeweiht. Ursprünglich war für das Areal eine **Bebauung** vorgesehen, doch der Unternehmer, zugleich Bürgermeister von Konstanz, musste zurücktreten und sein Nachfolger ließ zur Freude der Konstanzer und des benachbarten Inselhotels, dem eine Bebauung den schönen Ausblick auf den See verhagelt hätte, Bäume pflanzen. So blicken die Hotelgäste heute ins Grüne und die Konstanzer genießen das Seepanorama, füttern Enten oder nehmen ein Sonnenbad.

Die **Konzertmuschel** in der Mitte dient als Veranstaltungsort für verschiedene musikalische Aufführungen. Vom Baden ist abzuraten, denn das Wasser ist durch den Schiffsverkehr ziemlich verschmutzt. Ein Kuriosum am nördlichen Rande des Stadtgartens verdient ebenfalls Aufmerksamkeit: Die Bushaltestelle Konzilstraße besitzt seit 2007 ein **chinesisches Wartehäuschen**, ein Geschenk der Partnerstadt Souzhou.

4 Sea Life Konstanz ★★ [D6]

Die bunte Welt der Ozeane konzentriert sich in den Becken eines sehr kindgerecht gestalteten Aquariums in Klein-Venedig.

Mit bewährtem Konzept unterhält auch der Konstanzer Ableger der Erlebnis-Aquarium-Kette seine großen und kleinen Besucher: Rotes Meer, Rochenbecken, Oktopushöhle, Abenteuer Arktis, Rotterdamer Hafen und Schiffswrack sind nur einige der vielen **Erlebniswelten**, mit denen das Sea Life durch die faszinierende Welt unter und auch über Wasser führt. **Fütterungen**, Vorträge, kindgerechte Aktionen und ein Quiz ergänzen das pädagogische Angebot. Besucher des Sea Life haben **freien Eintritt im Bodensee-Naturmuseum 5**.

› Hafenstr. 9, Tel. 01806 66690101 (0,20 €/Anruf aus dem Festnetz), www.visitsealife.com/konstanz, Juli–Aug. tgl. 10–18, Sept.–Juni tgl. 10–17 Uhr, Eintritt: 18,75 €, Kinder 13,50 €

018ko-fk

Stadtgarten und Konstanzer Hafen laden zum Sonnetanken ein

5 Bodensee-Naturmuseum ★ [D6]

Der Natur vor der Haustür widmet sich diese interessante und anregend gestaltete Naturschau.

Das städtische Museum im Sea-Life-Gebäude 4 versteht sich als **„Fenster zum See“.** Liebevoll gestaltete Dioramen von Landschaftsräumen und den darin lebenden oder früher heimischen Tieren präsentieren den Bodensee anschaulich als Naturraum.

Wechselnde Ausstellungen thematisieren Fragestellungen wie Klimawandel oder Ökologie. Das Ganze ist sehr **kindgerecht** aufbereitet und präsentiert, hinzu kommen museumspädagogische Aktionen für verschiedene Altersgruppen. Auf dem (kostenlos zugänglichen) **Spielgelände „steine im fluss“** können sich junge Besucher richtig austoben.

› Hafenstr. 9, Tel. 07531 9002915, August täglich 10–18, September–Juli täglich 10–17 Uhr, Eintritt: 2 €, Kinder 1 €

KURZ & KNAPP

Die „Kunstgrenze“ [D6]

Konstanz und das **Schweizerische Kreuzlingen** gehen heute nahezu übergangslos ineinander über, dabei bestanden hier lange Zeit Grenzeinrichtungen und natürlich auch ein Zaun, der unter den Nazis errichtet worden war. Erst 2006 beschlossen die beiden Gemeinden, die Barriere abzureißen (die Schweiz hatte zwei Jahre zuvor den Schengen-Vertrag unterschrieben) und sie durch **Kunstwerke** des 1941 in Konstanz geborenen Künstlers **Johannes Dörflinger** zu ersetzen. 22 farbenfrohe Skulpturen aus dem Tarot markieren seither entlang des Festplatzes **Klein-Venedig** den Grenzverlauf.

Südliche Altstadt

Vom Hafen gelangt man durch die zur **Urban Art Gallery** umgestaltete Unterführung unter den Eisenbahngleisen zur **Marktstätte** 6, dem lang gezogenen ehemaligen Marktplatz der Stadt.

6 Marktstätte ★★ [C5]

Der ehemalige Marktplatz wurde ab dem 12. Jh. dem Bodensee abgerungen – daher sein Name „Markt am Gestade“.

Bei schönem Wetter ist die Marktstätte die **Bummel- und Entspannungsmeile** in Konstanz. Cafés, Straßenmusiker und -künstler sowie zahllose Geschäfte ziehen die Besucher an. Hinter dem dominanten Bau der **Sparkasse** im Stil der Neorenaissance, Ende des 19. Jahrhunderts als **Reichspostamt** errichtet, verbirgt sich ein interessanter **Innenhof**, in dem sich historische und zeitgenössische Architektur ideal ergänzen. Als Veranstaltungsort für Konzerte oder Open-Air-Kino wird er im Sommer ab und an „zweckentfremdet“. Ein Blick auf den Giebelfries enthüllt Seltsames: Die beiden Engel links und rechts haben Telefonhörer in der Hand und auf Neptuns Dreizack stecken Isolatoren!

Ein beliebter Treffpunkt ist der **Kaiserbrunnen.** 1897 aufgestellt, haben ihn Gernot und Barbara Rumpf in den 1990er-Jahren umgestaltet. Ursprünglich zierten ihn recht erhaben wirkende Porträtköpfe der Kaiser Heinrich III., Friedrich Barbarossa, Maximilian I. (die alle drei anlässlich von Reichstagen in Konstanz weilten) und Wilhelm I. (erster deutscher Kaiser der Neuzeit). In ihrer modernen Version sehen die Herrscher deutlich freundlicher aus; zu ihnen gesellen sich außerdem ein dreiköpfiger,

KURZ & KNAPP

Der Goldene Adler

Prominente Gäste beherbergte einst das Haus **Goldener Adler** an der Ecke Marktstätte 6 /Brotlaube, erkennbar an seinem Hauszeichen, einem Adler. Charles Louis Napoléon Bonaparte, als **Napoleon III.** Kaiser von Frankreich, war im nahen Schloss Arenenberg 39 aufgewachsen und hatte den „Adler" zu seinem Stammlokal erwählt. Als ihn eine Konstanzer Delegation 1852 anlässlich der Kaiserkrönung aufsuchte, um ihm Respekt zu bezeugen, schenkte er den Besuchern angeblich die vergoldete Skulptur.

Der Goldene Adler war aber bereits davor berühmt: Am 10. Oktober 1815 trafen sich der russische **Zar Alexander I.** und **Kronprinz Ferdinand von Österreich** in dem Konstanzer Gasthof. 1780 und 1788 stieg **Johann Wolfgang von Goethe** auf der Rückreise aus Italien bzw. der Schweiz im Adler ab und schon 1580 verzeichneten die Chroniken den Besuch des französischen Philosophen **Michel de Montaigne.**

Freisitz an der Marktstätte 6 nahe dem Bahnhof

Papst-Tiaren tragender Pfau, der als Anspielung auf die drei zur Konzilzeit konkurrierenden Päpste verstanden werden will, und ein Bronzepferd mit acht Beinen. Es steht für das treue und schnelle Ross Friedrichs II., der, von Rom kommend, nach einem Ritt über die Alpen 1212 in Konstanz eintraf, knapp seinem ebenfalls die Königswürde beanspruchenden Bruder Otto IV. zuvorkam und sich selbst zum König krönen ließ.

Der Preis für die schönste Fassade an der Marktstätte gebührt wohl dem **Haus zum Wolf** an der Ecke Rosgartenstraße mit seinem feinen **Rokoko-Stuck.** Über dem Portal beobachtet ein Turbanträger grimmig die Passanten – Familienwappen oder Schutz vor schlechten Einflüssen? Das im Jahr 1774 umstrukturierte Haus ist auch deshalb bemerkenswert, weil vielerorts in Konstanz zwei ältere Bauten zusammengefasst und durch eine Rokokofassade vereinheitlicht wurden – einen leichten Knick, dort wo die beiden Gebäude aneinanderstoßen, kann man noch erkennen. Der namensgebende Wolf ist in einer der Lünetten über den Fenstern abgebildet.

7 Rosgartenmuseum ★★★ [B5]

Das facettenreiche Museum mit Exponaten aus den großen Epochen der Konstanzer Geschichte ist mit seinen orginal erhaltenen gotischen Räumen ein sehenswertes Kleinod.

Die **Rosgartenstraße** zählt traditionell zu den wichtigen und malerischsten Geschäftsstraßen in Konstanz. Viele **jüdische Kaufmannsfamilien** gingen hier ihren Geschäften nach. Erst 1863 hatten sie das Niederlassungsrecht erlangt und waren aus den umliegenden „Judendörfern" in die Stadt gezogen. Das Gebäude des heutigen Museums wurde u.a. von einer jüdischen Schule genutzt, die aber 1870 ausziehen musste, um den Sammlungen Platz zu machen. Die vor den Häusern Nr. 12 und 16 verlegten **Stolpersteine** berichten von der Vertreibung und Ermordung jüdischer Bürger Ende der 1930er-Jahre.

Die Wurzeln des Museumsbaus reichen ins 15. Jh. zurück, als die Metzgerzunft zwei ältere, aus dem 14. Jh. stammende Häuser als ihr neues Zunfthaus zusammenfassen und umgestalten ließ. Der holzgetäfelte, original erhaltene **Zunftsaal** im ersten Stock, in den ein überreich geschmücktes Portal Zutritt gewährt, zählt zu den kunsthistorischen Höhepunkten. Gleich im **Erdgeschoss** erwartet Besucher eine weitere Rarität: Der **Historische Saal** bzw. **Leinersaal** zeigt die Museumssammlung in den Bereichen Geologie, Paläontologie und Archäologie so, wie sie die Wissenschaft im ausgehenden 19. Jh. präsentiert sehen wollte: in übervollen Vitrinen und jedes Exponat akribisch handschriftlich bezeichnet. Es ist ein verwirrendes und zugleich faszinierendes Sammelsurium, in dem besonders die Funde aus der Pfahlbauzeit ins Auge fallen.

Dem spannenden **Rundgang** folgend, entdeckt der Besucher in thematisch strukturierten Räumen das Konstanz der Bischöfe, die Entwicklung zur blühenden Handelsstadt und folgt deren Niedergang und Absinken in die Bedeutungslosigkeit unter österreichischer Ägide. Anschaulich demonstriert ein **Stadtmodell**, wie Konstanz um 1600 ausgesehen hat.

Im **Obergeschoss** sind einzigartige Zeugnisse des Kunstschaffens, vor allem gotische Tafelbilder, zu bewundern. Höhepunkt ist die **Richental-Chronik**, eine kostbare Handschrift über die Ereignisse während des Konzils 1414–1418. Die Ausstellung im Dachgeschoss widmet sich Konstanz in der Zeit des Nationalsozialismus. Im **Museumscafé** (s. S. 81) kann man pausieren.

› Rosgartenstr. 3–5, Tel. 07531 9002245, www.rosgartenmuseum.de, Di.–Fr. 10–18, Sa./So. 10–17 Uhr, Eintritt: 3 €, Kinder 1,50 €

020ko-fk

Die hl. Cäcilie (1838) von Marie Ellenrieder im Rosgartenmuseum

8 Dreifaltigkeitskirche ★★ [B5]

Erst 2011 gelang es dem Konstanzer Historiker Harald Derschka, die Motive des Freskenzyklus in der Dreifaltigkeitskirche vollständig zu deuten. Zwischen barockem Gepränge leuchtet ein hochmittelalterliches Bilderbuch.

Ursprünglich hieß die Rosgartenstraße Augustinerstraße – nach dem Kloster, das die **Ordensmönche** im 13. Jh. hier errichtet hatten. Die dazugehörige Kirche wechselte mehrmals ihr Patrozinium, brannte einmal ab, wurde säkularisiert und erhielt ihre Bestimmung als Garnisons-, Spital- und schließlich als Pfarrkirche wieder. Als Kirche eines Bettelordens ist sie von außen bereits am **fehlenden Turm** erkennbar.

Im **Inneren** füllt üppig-hochbarocker Stuck den schlichten, dreischiffigen Kirchenbau, der im 17. Jh. über dem Mittelschiff ein Gewölbe und illusionistische Fresken erhielt, die die Perspektive nach oben erweitern. Die während des **Konstanzer Konzils** (s. S. 100) aufgetragenen **Fresken** an den Wänden des Mittelschiffs sollen auf eine Initiative von **Sigismund von Luxemburg** zurückgehen. Der deutsche König hatte während des Konzils sieben Monate lang bei den Augustinern Unterkunft gefunden und stiftete den Kirchenschmuck zum Dank. Ob er ihn tatsächlich bezahlt hat, ist nicht überliefert, Historiker bezweifeln es aber, denn der König galt als notorisch unzuverlässig. Sigismund sieht man in Gestalt seines **Namenspatrons**, des hl. Sigismund, mit Krone und Reichsapfel an der Nordwand auf der Orgelempore. Weitere Motive sind alttestamentarische Propheten, Heilige und – besonders bildreich in Szene gesetzt – die Geschichte des Mönchstums. Durch Beschädigungen und Umbauten ist vieles nicht mehr eindeutig zuzuordnen. Dass es überhaupt gelang, ist der **Niederschrift eines Konzilteilnehmers** zu verdanken, die polnische Archivare entdeckten. Der Konzilbesucher hatte die Fresken in seine Aufzeichnungen kopiert.

Sehenswert ist auch der **erste Seitenaltar links**; ihn schmückt ein Gemälde von **Marie Ellenrieder** (s. S. 27), einer Malerin des 19. Jh., die als einzige Frau auch kirchliche Werke anfertigen durfte.

› Rosgartenstr. 25, www.konstanz-kirche.de

König Sigismund von Luxemburg, dargestellt als hl. Sigismund

Marie Ellenrieder: Eine Frau macht Kunst

Das Gemälde „Jesus als Kinderfreund" am ersten linken Seitenaltar der Dreifaltigkeitskirche 8 fällt auf den ersten Blick aus dem Rahmen der Kirchenausstattung. Von schwarzem Marmor eingerahmt, präsentiert es ein nahezu rührendes, mit zartem Pinsel und viel Wärme gemaltes Motiv. Es stammt von der Konstanzer Malerin Marie Ellenrieder (1791–1863), der es als einer der wenigen gelang, in der Männerdomäne Kunst Fuß zu fassen. Doch damit nicht genug: Die Ellenrieder spezialisierte sich auf kirchliche Kunst und malte großformatige Werke für Gotteshäuser – eine für das 19. Jh. beispiellose Karriere.

Geboren wurde Marie Ellenrieder 1791 in Konstanz als Tochter eines Uhrmachers. Ihr Großvater, ein bekannter Barockmaler, mag ihr Interesse und Talent für die Kunst in die Wiege gelegt haben. Doch ohne die großzügige und energische Förderung durch den liberalen Konstanzer Generalvikar Ignaz Heinrich von Wessenberg, der durchsetzte, dass die Münchner Akademie die 22-Jährige aufnahm, hätte sie in dem von Männern dominierten Beruf keine Chance gehabt. Ihre in München gewonnenen Kenntnisse und Fertigkeiten vertiefte sie bei einem Aufenthalt in Rom mit dem Studium des romantisch-religiösen Stils der Nazarener, deren Ausrichtung in all ihren Werken erkennbar ist.

Zunächst als Porträtmalerin an Fürstenhöfen gut beschäftigt, konzentrierte sie sich ab 1824 ausschließlich auf religiöse Kunst und schuf zahlreiche Altarbilder für Gotteshäuser in Südwestdeutschland sowie weitere Adelsporträts. In Konstanz sind ihre Werke im Rosgartenmuseum 7 und in der Dreifaltigkeitskirche zu sehen. Geradezu intim wirken, im Vergleich zu den großformatigen, religiösen Gemälden, ihre im Treppenhaus der Zollernstraße 2 aufgemalten Fresken.

Die Münchner Akademie, die ihre Pforten damals für Marie Ellenrieder geöffnet hatte, schloss sie ganz schnell wieder. Ab 1852 bis zum Jahr 1919 durfte keine weitere Frau die Akademie besuchen.

9 Schnetztor ★★ [A5]

Ein mittelalterlicher Torturm mit Zwingeranlage bewacht die südwestliche Ecke der Altstadt.

Der im 14. Jh. erbaute und im 20. Jh. erneuerte Torturm markiert den Beginn der **Handelsstraße** nach St. Gallen und Winterthur. Neben dem Pulver- und dem Rheintorturm 22 ist das Schnetztor der einzige im Stadtbild noch deutlich erkennbare Rest der im 19. Jh. abgerissenen **mittelalterlichen Stadtbefestigung.** Im Tor residiert übrigens eine der bedeutendsten Konstanzer Fasnacht-Institutionen, die **Blätzlebuebe-Zunft** (s. S. 92).

Im **Stadtteil Stadelhofen** südlich des Tors wohnten früher die Hörigen des Bischofs, die auf seinem Gut beschäftigt waren. Auch die **Gerber** hatten hier ihr Zuhause, denn entlang der heutigen Kreuzlinger Straße verlief der Gerberbach (ungefähr dort, wo heute Indigo Bike in einer Unterführung Fahrradparkplätze anbietet, s. S. 124). Eine Erinnerung an die wichtige – wegen der Geruchsbeläs-

022ko-fk

⌂ *Das im 14. Jh. errichtete Schnetztor* **9** *war der südliche Stadtausgang*

tigung aber außerhalb der Mauern angesiedelte – Zunft birgt das Haus in der Kreuzlinger Straße 7 mit mehrstöckigem Gaubenaufbau. Früher hingen dort die gegerbten Häute zum Trocknen.

› Ecke Obere Laube/Bodanstr.

10 Hus-Haus ★ [A5]

Ob Jan Hus während des Konstanzer Konzils tatsächlich in diesem Anwesen wohnte, ist nicht mit Sicherheit geklärt. Wer sich aber für den böhmischen Reformator interessiert, sollte die kleine Ausstellung in jedem Fall besuchen.

Der Priester **Jan Hus** (um 1370–1415) nahm als Kritiker am **Konstanzer Konzil** teil. Als Vorläufer Martin Luthers verurteilte er das sittenlose Verhalten und die Willkür vieler Kleriker. Er forderte, die Liturgie in der Landessprache abzuhalten und stellte die absolute Stellung des Papstes infrage. König Sigismund sicherte Hus freies Geleit zu (s. S. 100), doch das Konzil verurteilte ihn als **Ketzer** zum Tode. Am 6. Juli 1415 starb er auf einem Scheiterhaufen vor dem Paradiestor im Westen der Stadt.

Das in einem Haus aus dem 15./16. Jh. untergebrachte und von einem tschechischen Verein 1923 gegründete Museum erinnert mit **Dokumenten** und einigen wenigen **Exponaten** an den Reformator. Die tatsächliche Unterkunft des Böhmen soll allerdings das **Haus zur roten Kanne** (Nr. 22) gewesen sein.

Neben den beiden historischen, mit Hus verbundenen Gebäuden sind entlang der **Hussenstraße** mehrere gut erhaltene Anwesen zu bewundern: unter Nr. 4 und 6 beispielsweise die Häuser zum Laith und zur Sonne aus dem 13. Jh. oder das **Haus zum blauen Sattel** (Nr. 10), das sich wie das Haus zum Wolf an der Marktstätte **6** Ende des 17. Jh. durch Zusammenfassung zweier mittelalterlicher Anwesen zu einem Stadtpalais wandelte. Im Erdgeschoss von Nr. 10 residiert die **Parfümerie Gradmann** (s. S. 89): Während der Öffnungszeiten lässt sich ein Blick auf die Architektur der Erdgeschossräume und auf das Gärtchen im Innenhof (mit Café, s. S. 79) werfen.

› Hussenstr. 64, Tel. 07531 29042, April–Sept. Di.–So. 11–17, Okt.–März Di.–So. 11–16 Uhr, Eintritt frei

⑪ Rathaus ★★ [B4]

Vom Mittelalter bis zum Historismus greifen die Kunststile am Rathaus ineinander. Bezaubernd ist sein Renaissance-Innenhof.

Das 1592–1600 von Jakob Bock errichtete Rathaus, die ehemalige **Kanzlei**, präsentiert sich zur Kanzleistraße hin mit einer zweigeteilten und von zwei geschwungenen Giebeln gekrönten **Renaissancefassade.** Im 19. Jh. erhielt sie Wandbilder im Stil des Historismus, die historische Ereignisse – darunter den Einzug Friedrichs II. in Konstanz – thematisieren.

Ein kreuzgewölbter Tordurchgang führt in den **Innenhof,** den nach Osten ein von zwei Rundtürmen flankiertes Rückgebäude mit Schweifgiebel und Renaissancearkaden abschließt. Zarte Fresken schmücken den Bau auch hier, in seinem Inneren haben Restaurateure in den 1930er-Jahren einen **spätgotischen Zunftsaal** entdeckt. Heute dient er als Rathaussaal, den eine seltsame **Skulptur** bewohnt: Der **„Steinerne Mann"** des Bildhauers **Peter Lenk** (s. S. 21) sitzt seit 1998 als unbeweglicher Zuschauer zwischen den Stadtverordneten. Der Vorbesitzer wollte die Skulptur nicht mehr haben und so gelangte sie als Dauerleihgabe des Künstlers ins Rathaus. Im Sommer bildet der Innenhof die Bühne für stimmungsvolle **Kammeropern** (s. S. 85).

Besichtigungen des Zunftsaals sind in der Regel **nicht möglich,** doch wenn der Zugang geöffnet ist, kann man sich „hinaufschleichen" und einen Blick hineinwerfen.

› Kanzleistr. 13/15, Innenhof zugänglich zu den Bürozeiten

⑫ Obermarkt ★★ [B4]

Wo früher Missetäter am Pranger standen, wetteifern heute historische Fassaden um die Aufmerksamkeit der Besucher.

Der Obermarkt war einer der zentralen Plätze der mittelalterlichen Stadt. Wie bedeutend er war, dokumentiert die Tatsache, dass Kaiser Friedrich Barbarossa hier 1183 den Friedensschluss mit den lombardischen Städten vollzog. Als **Umschlagplatz für Waren** wie Wein und Holz diente er neben der Marktstätte ⑥ als Handelszentrum. Außerdem ahndete die Obrigkeit hier kleinere Vergehen mit der Zurschaustellung am Pranger.

Reich geschmückte Anwesen rahmen den Platz: Die Westseite beherrscht der verspielte Renaissancegiebel des **Hauses zum großen Mertzen** (1601), gegenüber verweist der prächtig geschmückte Erker des **Hauses zum Strahl** ebenfalls auf die aus-

023ko-fk

[>] *Das Rathaus präsentiert sich mit eleganter Renaissancefassade*

gehende Renaissance. Nach Norden säumen die bereits zu Beginn des 15. Jh. erwähnten Gasthäuser Zum Egli und Zum Kemlin sowie das Barbarossa (s. S. 128), damals wie heute eine Herberge, den Platz. Das mit Wandmalereien geschmückte **Haus zum hohen Hafen** daneben geht auf die Gotik zurück, erhielt sein Dekor mit Szenen aus der Geschichte des Anwesens aber um 1900. **Malhaus** und **Fischgrat** gegenüber besitzen Wurzeln im 14. Jh.; die hier untergebrachte **Malhausapotheke** (s. S. 89) gehörte im 19. Jh. Stadtrat Ludwig Leiner (1830–1901). Als passionierter Sammler und Hobby-Archäologe begründete er das Rosgartenmuseum 7. In der Apotheke ist die historische Ausstattung erhalten.

Westlich des Obermarkts, jenseits der Oberen Laube, erhebt sich die evangelische **Lutherkirche** von 1861 gegenüber der Einmündung der Paradiesstraße. Am einstigen Standort des mittelalterlichen **Paradiestors** führte man am 6. Juli 1415 **Jan Hus** (s. S. 100) auf seinem Weg vom Münster 17 zum Hinrichtungsplatz vorbei. Seit 2015 erinnert ein **Denkmal** der tschechischen Bildhauerin Adéla Kačabová an den letzten Gang des Reformators. Die Künstlerin nannte es „Jan Hus – Weg der Versöhnung".

› **Lutherkirche,** Lutherplatz, www.lutherpfarrei-konstanz.de

13 St. Stephan ★★ [B4]

Der ältesten Kirche von Konstanz mangelt es zwar an Ausstattung aus ihrer Entstehungszeit, dafür präsentiert sie sich jedoch ausgesprochen farbenfroh.

Ursprünglich stand an dieser Stelle wahrscheinlich eine römische Basilika aus dem 3. Jh., möglicherweise eine Friedhofskirche (in der Umgebung von St. Stephan befindet sich ein spätrömisches Gräberfeld). Auf deren Fundamenten entstand im 7. Jh. eine Pfarrkirche, die zu diesem Zeitpunkt noch außerhalb der Siedlung lag. Im 12. und im 14. Jh. neu errichtet, fungierte St. Stephan als Gotteshaus für die **Bewohner der Marktsiedlung**, im Gegensatz zum Münster 17, das im Stiftsbezirk lag.

Während des **Konstanzer Konzils** (s. S. 100) tagte in St. Stephan das päpstliche Gericht *Sacra Rota Romana,* der höchste Zivil- und Strafgerichtshof der Kirche. 1527 bis 1549 diente die Kirche der **Reformation** als Gotteshaus, was die Zerstörung und das Verschwinden der ursprünglichen Ausstattung zur Folge hatte: 14 Altäre haben den **Bildersturm** nicht überlebt, die liturgischen Bücher waren vernichtet und der Kirchenschatz eingeschmolzen.

Heute fasziniert der Kontrast zwischen dem schlichten dreischiffigen Bau und der barocken bzw. neugotischen Ausgestaltung. Vor allem die **Heiligendarstellungen an den Pfeilern** (16. Jh.) sind in ihrer Farbigkeit wunderbar erhalten, ebenso die wieder freigelegten historistischen Fresken von Beginn des 20. Jh. Aus dem 13. Jh. stammt das Chorgestühl, die barocken Apostelfiguren kamen aus der benachbarten Franziskanerkirche nach St. Stephan. Die neugotischen Haupt- und Seitenaltäre schmücken das Gotteshaus seit der zweiten Hälfte des 19. Jh.

Wer einen Blick auf die **Holzdecke** wirft, entdeckt dort Reliefs von Heiligen, Maria, Gottvater, Jesus ... und

› *Kulturzentrum 18 mit Bücherei und Café in der Wessenbergstraße*

vom **Heiligen Geist** als bärtigen, segnenden Mann mit lockigem Haupthaar und Königskrone. Dass es sich hierbei um eine der überaus seltenen anthropomorphen (menschenähnlichen) Darstellungen handelt, legt die Taube mit weit ausgebreiteten Schwingen nahe, die ihm vorangestellt ist. Dass es kaum „Bilder“ des Heiligen Geistes gibt, ist Papst Urban VIII. zu danken, der sie 1628 verbot; seither symbolisieren ihn meist eine Taube oder Feuerzungen. Was den Bildhauer, der die Reliefs Anfang des 20. Jh. für die Stephanskirche schuf, dazu bewogen hat, von dieser Praxis abzuweichen, ist nicht überliefert.

› St.-Stephans-Platz 15, www.konstanz-kirche.de

14 Rund um die Wessenbergstraße ★★ [B4]

Die Gassen zwischen Sankt-Stephans-Platz und Münster sind voller architektonischer Kostbarkeiten hochmittelalterlicher Architektur.

Oft sind die Fassaden verändert, die hochgotische Substanz dahinter aber noch erhalten. Augen offen halten lautet die Devise: beispielsweise am **Haus St.-Stephans-Platz 29**, dessen Fenster im ersten Stock Butzenscheiben besitzen und an dessen Ecke noch unverputztes, verblattetes Fachwerk zu erkennen ist, eine alemannische Besonderheit in der Fachwerkbauweise.

Am St.-Stephans-Platz 2 präsentiert das **Haus zum Esel** das Motiv der Flucht nach Ägypten als barocken Fassadenschmuck. In dieser Farbigkeit muss man sich alle Häuser der historischen Stadt vorstellen. Ecke Wessenbergstraße und Münzgasse ist am **Haus zum hohen Hirschen** (14. Jh.) ein schöner gotischer Erker erhalten (Münzgasse 30).

Das **Haus zum goldenen Löwen** besitzt zwei Gesichter: das des recht unauffälligen, repräsentativen Patrizierhauses zur Wessenbergstraße (Nr. 16) und das des Wohnturms dahinter an der Hohenhausgasse.

024ko-fk

Das Gebäude mit fünf Stockwerken ist charakteristisch für die Architektur mittelalterlicher Städte – es steht auf einer Grundfläche von nur sieben mal acht Meter. Im ausgehenden 16. Jh. erhielt der Turm seine illusionistischen Fassadenbilder. Die Gasse markiert übrigens die Stelle, bis zu der um das Jahr 1000 der Bodensee reichte.

Und noch eine Konstanzer Besonderheit lässt sich hier gut beobachten: Hinter den dicht an dicht stehenden Häusern führen abgesperrte **Feuergassen** entlang, zum Beispiel zwischen Hochhausgasse und Brotlaube: Die Feuergasse verläuft hier entlang des ehemaligen Entsorgungsgrabens, der die Abfälle und Abwässer der Häuser aufnahm.

025ko-fk

Das Hotel **Graf Zeppelin** (s. S. 128) mit seiner reichen Fassadenmalerei stammt übrigens aus jüngerer Zeit. Es musste nach einem Brand zu Beginn des 20. Jh. neu errichtet werden und erhielt zu diesem Zeitpunkt seinen historistischen Schmuck. Eigentlich hieß es Hotel Deutsches Haus, aber dann ist irgendwann Graf Zeppelin vorbeigeradelt und just vor dem Haus ging sein Rad kaputt. Der Hotelbesitzer kam heraus und half bei der Reparatur – und fragte den Grafen, ob er sein Hotel nach ihm benennen dürfe.

15 Zollernstraße ★★ [C4]

Wo früher Fische auf den Verkaufstheken lagen, handelt man heute mit Designermöbeln, Espressomaschinen und Schmuck.

Entlang der Zollernstraße ist das Mittelalter besonders lebendig: Die **historische Architektur** ist nahezu unverfälscht erhalten und verbindet sich perfekt mit schicken Läden und Cafés. In **Haus Nr. 2** mit Lanzettfenstern (nach hinten) und verblatteter Dachstuhlkonstruktion wohnte die Konstanzer Malerin **Marie Ellenrieder** (s. S. 27), eine der wenigen Frauen, die sich im männlich dominierten Kunstbetrieb durchsetzen konnten. Sie schmückte das barocke Treppenhaus mit Wandgemälden, die nun, nach einem Umbau 2021, leider nicht mehr öffentlich zugänglich sind.

Unter **Nr. 14** („Zur vorderen Jungfrau“) schließt an die verputzte Fassade zur Gasse hin ein gut erhaltenes, mittelalterliches Fachwerkhaus an. Teils zugemauerte Arkaden schmücken hier mehrere Bauten, so auch

Der Lenk-Brunnen: ohne Worte!

die **Nr. 27** („Zum hohen Gewölbe", 14. Jh.). Das namensgebende Gewölbe beherbergt nun ein Schmuckgeschäft, man kann also einen Blick darauf werfen. Auch die historischen Räume im 1294 erbauten fünfgeschossigen **Hohen Haus** mit seinen in den 1930er-Jahren angebrachten Fresken sind zugänglich, wenn man höflich fragt. Heute ist hier das Möbelgeschäft **smow** (s. S. 89) untergebracht. Vom obersten Stockwerk schweift der Blick über die Dachlandschaft der Altstadt bis zum See.

Von dort kam die Ware, die früher in der Zollernstraße gehandelt wurde. Sie diente als **Fischmarkt**, was auch die hier so zahlreichen **Arkaden** erklärt: Die leicht verderbliche Ware blieb im Schatten der Laubengänge länger frisch. Langusten und Hummer, wie es die Fassadenbilder am Hohen Haus suggerieren, waren aber sicher nicht darunter.

16 Lenk-Brunnen ★ [B3]

Peter Lenk, der eigenwillige Bildhauer aus Bodman am Bodensee, zog auch bei der Gestaltung dieses Brunnens alle Register seines Könnens und seiner Ironie.

Lenks Werke (s. S. 21) sind immer umstritten und von Protesten verschiedenster gesellschaftlicher Gruppen begleitet; der Klerus ist jedenfalls stets an vorderster Front dabei: als Porträtierter wie als Kritiker. Kein Wunder, denn auch bei diesem **„Konstanzer Triumphbogen"** titulierten Brunnen nimmt sich der Künstler einen kirchlichen Würdenträger vor. In diesem Fall ist es der beim Konzil gestürzte **Papst Johannes XXIII.**, dessen Kutsche umkippt. Dabei purzelt nicht nur der Kleriker heraus, sondern auch zwei nackte „Hübscherinnen" – so nannte man Prostituierte damals. Des Weiteren sind auf und um den Brunnen versammelt: Erdferkel mit Menschengesicht, ein grimmiger Rocker, eine badende Matrone und die „Fischerin vom Bodensee", ein beliebtes Liedmotiv, das von den Hellwig-Schwestern bis DJ Ötzi die verschiedensten Volksmusikanten interpretierten. Seit 1991 erregt der Brunnen Lob und Begeisterung sowie, nach wie vor natürlich, Empörung und Kritik.

› Ecke Obere Laube/Torgasse

Münsterplatz

Hussen- und Wessenbergstraße 14 queren als Nord-Süd-Achse die Konstanzer Altstadt und münden am Münsterplatz [C3]. Quellen und Funde legen nahe, dass sie auf der Trasse einer **früheren Römerstraße** auf dem **Kamm eines Muränenrückens** verlaufen, den das Hochwasser des Sees nicht überfluten konnte.

Den höchsten Punkt dieser Erhebung krönte einst ein **römisches Kastell**, dessen Fundamente Archäolo-

MEIN TIPP

Verborgene Fresken

Im **Haus zur Kunkel** am **Münsterplatz 5** verbergen sich erst 1936 freigelegte Fresken vom Anfang des 14. Jh. mit einem einzigartigen Motiv: Eine Wand des Raums in der zweiten Etage ist mit Wandmalereien zum **„Parzival" von Wolfram von Eschenbach** dekoriert. Es sind die einzigen erhaltenen Fresken zu diesem Themenkreis. Der zweite Freskenzyklus bezieht sich auf die damals geltende Tugendlehre und bildet züchtige Damen beim Weben ab. **Besichtigungen** organisiert das Kulturbüro im Kulturzentrum 18.

› **Kulturbüro**, Tel. 07531 900909

026ko-fk

⌃ *Das Konstanzer Münster erhebt sich eindrucksvoll in der Stadtmitte*

gen unter dem Münsterplatz ausgegraben haben und die unter einer **Glaspyramide** auf dem Platz einsehbar sind (Führungen organisiert die Tourist-Information Konstanz, s. S. 117). Die wuchtige Westfassade des Gotteshauses ⓱ beherrscht den Münsterplatz, die nördlich und westlich gelegenen ehemaligen **Domherrenhäuser** beherbergen heute Cafés, Restaurants und Geschäfte. Im Kontrast zur vertikalen Kirchenfassade verschmilzt der **Münsterbrunnen** des Bildhauers Franz Gutmann nahezu mit dem Pflaster darunter. Wie eine flache Schale geformt, lässt er das Wasser über seine Kante in den Boden fließen – ein Symbol für den Kreislauf des Lebens.

⓱ Münster Unserer Lieben Frau mit Münsterturm ★★★ [C3]

Konstanz' wohl bedeutendstes Gotteshaus ist ein faszinierendes Konglomerat unterschiedlicher Stilepochen und ein steinernes Zeugnis für die Bedeutung sowie den Anspruch der Bischofsstadt während des Mittelalters. Den wohl schönsten Blick über Konstanz genießt, wer sich die Stufen zu den Plattformen des Münsterturms hinaufquält.

Bereits Ende des 6. Jh. ließ sich in Konstanz ein Bischof mit der Aufgabe nieder, die Alemannen zu missionieren. Ab dem 7. Jh. stand hier dann eine Maria geweihte **Domkirche**, Vorläuferin des heutigen Münsters. Unter den Bischöfen Konrad und Gebhard II. begann dann im 10. Jh. eine **rege Bautätigkeit** (s. Exkurs „Ein zweites Rom" S. 36). Konstanz erhielt vier neue Kirchen und neben dem Marienmünster erhob sich als Nachbildung des Heiligen Grabs zu Jerusalem die Mauritiusrotunde.

Bis ins 15. Jh. baute man am Münster und veränderte es fortwährend, trotzdem ist die **mittelalterliche Kreuzform** heute noch deutlich erkennbar. Wuchtig erscheint die **Westfassade** mit ihrem Turmblock, den eine neugotische Turmnadel von 1856 überragt und an dessen Nordseite sich die überreich dekorierte, hochgotische **Welserkapelle** schmiegt. Das Ende des 15. Jh. geschnitzte Portal erzählt in 20 Szenen das Leben Jesu.

Im **Innenraum** drängt die **Romanik** trotz aller baulichen Veränderungen mit schlichten Säulen und rechteckigem Chorabschluss in den Vorder-

⊐ *In den Katakomben des Münsters: die Krypta des hl. Pelagius*

grund. Dem barocken Tonnengewölbe über dem Mittelschiff stehen gotische Kreuzrippengewölbe in den Seitenschiffen gegenüber. Die Seitenkapellen, nahezu alle gotischen Ursprungs, tragen unterschiedlichen Schmuck von schlicht bis üppig. Die **barocke Kanzel** vom Ende des 17. Jh. stützt der Prophet Abraham mit seinem Kopf. Oder handelt es sich doch um den „Ketzer“ Jan Hus (s. S. 100), den man – angetan mit einer ähnlichen Mütze, wie Abraham sie trägt – vom Münster zur Hinrichtung schaffte? Eine Zeit lang waren die Gläubigen so überzeugt davon, dass sie die Skulptur bespuckten und Nägel in das Holz trieben, wenn sie der Kanzel ansichtig wurden. Die Kirchenleitung setzte dem unfrommen Treiben Anfang des 19. Jh. ein Ende und ersetzte die Skulptur durch eine Säule. Erst in den 1980er-Jahren durfte Abraham wieder zu seiner Kanzel zurück.

Vierung und Hochchor tragen klassizistisches Dekor, im unteren Chor hat das reich geschnitzte Chorgestühl vom Ende des 16. Jh. Platz gefunden. Der Thomaschor im nördlichen Querarm ist Ausgangspunkt für die Besichtigung der kostbarsten Bauteile des Gotteshauses: Auffällig sind hier der „Schengg“ genannte, mit Maßwerk und figürlichen Darstellungen geschmückte **Wendeltreppenturm** der Hochgotik und das zarte Sternengewölbe. Über Stufen geht es hinunter in Vorraum und **Konradikapelle**, die im 19. Jh. eine neugotische Ausgestaltung erfuhr. Sie geht auf das 13./14. Jh. zurück und beherbergt neben dem Hochgrab des Bischofs Konrad (14. Jh.) einen Reliquienschrein mit dem Haupt des Heiligen.

Über den **doppelstöckigen Kreuzgang** (13./14. Jh.), von dem nur noch Süd- und Ostflügel erhalten sind, gelangt man in die **Mauritiusrotunde**, den durch Bischof Konrad im 10. Jh. angeregten Nachbau der Grabeskirche zu Jerusalem, und zwar exakt im Maßstab 1:2. Der Rundbau erhielt um 1300 gotischen Schmuck, das **„Heilige Grab“** darin – ein zwölfeckiges Sandsteintempelchen – stammt aus dem Jahr 1260. Skulpturen zwischen den Maßwerkfenstern erzählen von der Menschwerdung Jesu, viele mit ausdrucksstarken, teilweise humorvollen Posen und noch mit Resten des ursprünglichen Farbenschmucks.

Nördlich schließt sich die **Silvesterkapelle** an, ein über und über mit

027ko-fk

Ein zweites Rom

Bereits im 9./10. Jahrhundert sah sich Konstanz als bedeutende Stadt des Christentums und als „Zweites Rom". Um diese Position zu untermauern, ließen die Bischöfe Rom sprichwörtlich kopieren.

Um die Hauptkirche, das heutige Münster Unserer Lieben Frau 17 (Santa Maria Maggiore nachempfunden), ließ Konrad (Bischof von 934 bis 975) vier Gotteshäuser errichten, die sowohl in ihrer geografischen Anordnung als auch in den jeweiligen Patrozinien die fünf Patriarchalbasiliken Roms abbildeten: die Kirche St. Johann (San Giovanni in Laterano, heute eine Markthalle), die Kirche St. Lorenz (San Lorenzo fuori le mura, wörtlich: „vor den Mauern", nicht mehr existent) und die Kirche St. Paul (San Paolo fuori le mura, heute ein Kulturzentrum). Die Peterskirche des Benediktinerklosters jenseits des Seerheins (das ehemalige Kloster Petershausen, heute Stadtarchiv) wurde sogar nach dem Vorbild des Petersdoms erbaut; dem Rhein kam in diesem Konzept die Rolle des Tiber zu.

Damit nicht genug: Im Münster hing lange Zeit eine Steintafel, deren lateinische Inschrift angeblich besagte, dass Konstanz vom Vater des römischen Kaisers Konstantin gegründet worden sei – dies sollte den Anspruch, „Roma secunda" zu sein, untermauern.

Erst der Historiker Theodor Mommsen entlarvte im 19. Jahrhundert den Trick, indem er den etwas kryptisch formulierten Text übersetzte. Und siehe da: Er bezog sich auf die Gründung des Kastells Vitudurum, des heutigen Winterthur.

Fresken bemalter gotischer Raum (14. Jh.) von eigenwilliger, farbiger Schönheit. Südlich gelangt man in die **Blasiuskapelle** mit dem Kreuzigungsaltar des Bischofs Hugo von Hohenlandenberg (1460–1532). Der letzte amtierende Bischof vor dem Übertritt der Stadt zur Reformation war verantwortlich für den Neubau des Turmkomplexes. Der **Altaraufsatz** (Retabel) zeigt eine dramatisch bewegte Kreuzigungsszene in tiefer Nacht; links und rechts betrachten der hl. Konrad und der hl. Pelagius das Geschehen. Das Retabel ist eines der wenigen aus dem Münsterschatz, das dem Bildersturm nicht zum Opfer fiel, und wird durch eine Glasscheibe geschützt.

In den **ältesten Bereich des Münsters** – die wahrscheinlich bereits im 9. Jh. bestehende **Krypta des hl. Pelagius** – führt ein Durchgang vom Vorraum der Konradikapelle. In ihrer heutigen Gestaltung geht sie auf das 10. Jh. zurück. Ihr herausragender Schmuck sind die **Konstanzer Goldscheiben**, die ursprünglich am Giebel des Presbyteriums hingen, wahrscheinlich, um Schiffen den Weg nach Konstanz zu weisen. Heute sind sie durch Kopien ersetzt. Die zentrale, über dem Altar angebrachte Maiestas-Domini-Scheibe (ca. 10.–12. Jh.), mit knapp zwei Metern Durchmesser auch die größte der vier, gilt als beispiellos in der Kunst. Auf Holz befestigte, feuervergoldete Kupferplatten zeigen Christus als Weltenherrscher (Pantokrator), flankiert von Engeln. Dabei ist Jesus ohne Bart dargestellt, eine Tradition, die sich nur auf früh-

> *Die Konstanzer Goldscheiben dienten wohl der Navigation*

christlichen Kunstwerken findet. Auf den anderen Scheiben (13. Jh.) sind Konrad und Pelagius abgebildet sowie ein Adler als Symbol für den Evangelisten Johannes.

Sehr empfehlenswert, wenngleich schweißtreibend, ist eine Besteigung des **Münsterturms.** 193 Stufen führen hinauf zu den Plattformen auf den beiden spätgotischen Seitentürmen, weitere 52 zu den Balkonen auf dem im 19. Jh. daraufgesetzten, achteckigen Mittelturm.

› Münsterplatz, www.konstanz-kirche.de, Kirche Mo.–Sa. 7.30–19.30, So. 11.30–19.30 Uhr, Münsterturm April–Okt. Mo.–Sa. 10–17.30, So. 12.30–18 Uhr, Führungen April–Okt. Sa. 11 Uhr, Juli–Sept. auch Mi. 19 Uhr, Eintritt: Turm 2 €, Kinder 1 €

18 Kulturzentrum mit Städtischer Wessenberg-Galerie ★ [B3]

Dass sich zeitgenössische Architektur bestens in den historischen Kontext der Altstadt fügen kann, beweist der auffällig rote Bau des Kulturzentrums.

Zwei Häuser aus dem 13. Jh. an der Ecke Wessenbergstraße/Katzgasse – im 19. Jh. baulich zusammengefasst – beherbergten bis in die 1990er-Jahre die Konstanzer Stadtbücherei. Statische Mängel führten dazu, dass 1998 eines der beiden abgerissen werden musste, während man das Gebäude an der Katzgasse in den Neubau integrierte. Zusammen mit dem **Wessenberghaus** an der Wessenbergstraße und weiteren Bauten an der Kreuzgasse wuchsen so zehn Anwesen aus unterschiedlichen Epochen zu einem **großen Kulturareal mit Gastronomie** (Wessenberg, s. S. 79) zusammen, das verschiedenste Institutionen, darunter die Volkshochschule und die Stadtbibliothek (s. S. 119), vereint.

Die **Städtische Wessenberg-Galerie** ist im Wessenberghaus untergekommen, das hinter seiner klassizistischen Fassade aus zwei Anwesen aus dem 14. Jh. besteht. **Ignaz Heinrich von Wessenberg** (1774–1860), der das Stadtpalais Mitte des 19. Jh. bewohnte, war ein engagierter Liebhaber der südwestdeutschen Kunst und förderte unter anderem die Malerin Marie Ellenrieder (s. S. 27). Seine Sammlung bildet heute den Grundstock der Galerie, die in wechselnden Ausstellungen Kunstwerke des 19. und 20. Jh. vorrangig aus dem Bodenseeraum präsentiert. Sehenswert sind auch die teils mit Barockfresken dekorierten Räume.

Unter dem Titel **„Kunst im Gewölbe"** veranstaltet das **Kulturzentrum** wechselnde Ausstellungen zeitgenössischer Künstler im spätgotischen Gewölbekeller, der unter dem Neubau erhalten werden konnte. Sie bieten Gelegenheit, sich mit Werken junger Kreativer aus der Region auseinanderzusetzen und zugleich die mittelalterliche Bausubstanz mit Kreuzgratgewölbe und Wackenmauerwerk zu bewundern.

Mehrere **Innenhöfe** greifen entlang der Katzgasse ineinander über und erlauben Einblicke in das Zusammenspiel moderner und historischer Architektur: so beispielsweise am **BildungsTURM**, dessen untere zwei Stockwerke noch von einem der ältesten in Konstanz erhaltenen Wohntürme aus dem 12. Jh. stammen. Beim Umbau hat man den Turm durch zwei weitere Etagen auf seine ursprüngliche Höhe aufgestockt. Auch hier finden wechselnde Ausstellungen statt. An der Katzgasse fällt das ebenfalls in den Umbau integrierte **Haus zur Katz** durch seine Buckelquaderfassade auf. Es gilt als ältester Renaissancebau nördlich der Alpen und beherbergte die Patrizierzunft zur Katz.

› **Kulturzentrum am Münster,** Wessenbergstr. 41/43, Tel. 07531 900900, Öffnungszeiten und Eintritt je nach Ausstellung
› **Städtische Wessenberg-Galerie,** Wessenbergstr. 43, Tel. 07531 9002921, www.konstanz.de, Di.–Fr. 10–18, Sa./So. 10–17 Uhr, Eintritt: 3 €

19 Stadttheater ★ [C3]

Das Attribut „älteste dauerhaft bespielte Bühne Deutschlands" ist etwas irreführend, denn das Konstanzer Theater wurde nicht durchgängig seit dem 17. Jh. genutzt. Aber es residiert nach wie vor in dem Haus, in dem seine Geschichte begann.

1607 bis 1609 haben die **Jesuiten** das Haus als **Gymnasium** ihres Klosters errichtet und in der obersten Etage eine Aula eingerichtet, in der die Schüler u. a. auch Theaterstücke aufführten. Diese Praxis wurde 1787 unterbrochen, das Gymnasium in einem anderen Gebäude untergebracht und der Versammlungsraum nicht mehr für Aufführungen genutzt. Erst 1852 kehrte man zum Schauspiel zurück, diesmal mit einem theatergerechten Umbau. Eine weitere Umgestaltung in den 1930er-Jahren veränderte die Architektur innen wie außen grundlegend. So ist die Werbung mit dem hohen Alter eher ideell zu verstehen. Inzwischen sind weitere Aufführungsstätten wie die **Spiegelhalle** (s. S. 85) am Konstanzer Hafen dazugekommen.

› Konzilstr. 11, Tel. 07531 900150, www.theaterkonstanz.de

Niederburg-Viertel

Zwischen dem Münsterhügel und dem Rhein wuchs der **älteste nichtbischöfliche Stadtteil** von Konstanz heran, *inferior urbs,* die unterhalb gelegene Niederburg [C2]. Bis heute bewahren die Gassen zwischen Münsterplatz und Rheinufer ein ganz **besonderes Flair,** zahlreiche **Weinstuben** finden sich in den schmuck

029ko-fk

restaurierten, mittelalterlichen, teils in **Sichtfachwerk** errichteten Häusern. Ursprünglich waren alle Behausungen unterhalb des Münsterhügels so erbaut, wie es sich einfache Bürger leisten konnten: in mit Stroh und Lehm verfüllter Ständerbauweise. Doch da in den Gassen immer wieder Feuer wüteten, verfügten die Stadtoberen, dass das Fachwerk zum Schutz vor den Flammen verputzt werden müsse. Wer genau hinsieht, kann in den heute wieder freigelegten Balken Kerben und Schrammen erkennen – die Maurer schlugen sie ins Holz, damit der Mörtel besser hielt.

20 Auf der Insel ★★★ [C3]

Die „Insel" war einer der ältesten Siedlungsorte in Konstanz. Wo früher Dominikanermönche ihre Exerzitien lebten, gehen heute betuchte Feriengäste ein und aus.

Keltische und römische Funde weisen die „Insel" im Bodensee als eine der **Keimzellen der Stadt Konstanz** aus – ob hier allerdings, wie vielfach vermutet, eine Pfahlbausiedlung bestand, lässt sich nicht verifizieren. Die nachweisliche **Besiedlung** des Eilands, das damals noch ein gutes Stück vom damaligen Ufer entfernt im See lag (und nicht wie heute nur noch durch den Stadtgraben vom Festland getrennt ist), begann um das 1. Jh. n. Chr. mit der römischen Eroberung.

Die **Römer** bauten ihr Militärlager im Bereich des heutigen Münsterplatzes [C3] und der Niederburg [C2] – der Insel kam dabei wahrscheinlich eine **Schutzfunktion** für den römischen Hafen zu. Über die weitere Entwicklung bis zum 12. Jh. ist kaum etwas bekannt; 1102 aber erwähnt die Petershausener Chronik die Insel und 1236 gelangt sie an die **Dominikanermönche.** Diese errichteten ein **Kloster**, das bis zur Säkularisierung (nur unterbrochen durch die Reformationsjahre) aktiv war und dessen Gotteshaus das Münster 17 an Größe übertraf. Während des **Konstanzer Konzils** (s. S. 100) wohnten die tief verfeindeten Delegationen Frankreichs und Italiens hier: Letztere im Kloster, Erstere im Kapitelhaus nebenan – eine Inschrift über dem Portal erinnert daran. 1785 zog mit der aus Genf geflohenen Schweizer Bankiers- und Fabrikantenfamilie Macaire eine **Baumwollmanufaktur** in Kirche und Kloster ein. Ferdinand Graf Zeppelin, ein Enkel des Manufakturgründers, wurde 1838 auf der Insel geboren. Sein Bruder Eberhard wandelte das Kloster schließlich 1874 in ein **Hotel** (Steigenberger Inselhotel, s. S. 129) um.

030ko-fk

Licht und Schatten im Kreuzgang der Dominikaner auf der Insel

Fachwerk und Gassen: Altstadt pur in der Niederburggasse [C2]

Erhalten sind der **frühgotische Kreuzgang** und Teile des Gotteshauses, die heute den **Festsaal** des Hotels bilden. Mit Wandbildern, die in 26 Motiven die Geschichte der Insel von der angeblichen Pfahlbausiedlung bis zur wilhelminischen Ära Ende des 19. Jh. erzählen, überdeckte der Maler Carl von Häberlin 1887–1896 im Auftrag der Familie Zeppelin die ursprünglichen romanischen Fresken. Nur die zierlichen Spitzbogenarkaden vermitteln noch etwas von dem Flair, das den Kreuzgang wohl zu Klosterzeiten umfing. Ähnliches passierte in der Kirche, deren Totentanzfresko man zumauerte und deren Decke heute abgehängt ist. Die Wandmalereien konnten hier allerdings zum Teil bewahrt werden, so an der Nordwand und an der Ostwand des nördlichen Seitenschiffs (13./14. Jh.).

› Zugang zum Kreuzgang durch das Steigenberger Inselhotel (s. S. 129), Besichtigung des Festsaals nach Absprache

21 Spitalkellerei Konstanz ★ [C2]

Die im 13. Jh. gegründete Stiftung Spitalkellerei sollte Kranke und Bedürftige versorgen, unter anderem durch die Abgabe von Wein.

Diese Aufgabe erfüllt die Stiftung im Grunde heute noch. Allerdings schänkt sie den feinen Tropfen, dessen Reben auf besten Lagen der Stiftskellerei am Bodensee (Meersburg-Haltnau und Konstanzer Sonnenhalde) wachsen, nicht mehr direkt an Bedürftige aus, sondern verkauft ihn an Kunden. Die Gewinne aus der Kellerei sowie aus Wald- und Grundbesitz fließen in die Stiftung, die mehrere Alten- und Pflegeheime und ein Krankenhaus unterhält. Heute gelten die Konstanzer Wohltäter als **älteste Stiftungskellerei Deutschlands.**

Bei **Führungen** besichtigen Besucher den historischen Gewölbekeller und **verkosten** danach, begleitet von einem „Bodenseelaible“ (Brot), sechs verschiedene Weine. Die Weinbibel Gault & Millau jedenfalls lobt die Burgunder und den Cuvée Imperia in den höchsten Tönen. In der **Weinboutique** (s. S. 87) sind die köstlichen Tropfen auch zu erwerben.

› Brückengasse 16, Tel. 07531 128760, www.spitalkellerei-konstanz.de, öffentliche Weinprobe April–Nov. jeden ersten und dritten Do. im Monat 19 Uhr nach tel. Voranmeldung, 20 €/Person

22 Rheintorturm und Pulverturm ★★ [C2]

Nur noch wenige Türme sind von der ursprünglichen Stadtbefestigung erhalten. Den beiden im Norden kam eine besondere Bedeutung als Schutz des Rheinufers zu.

25 Tore und Türme zählte die Ummauerung ursprünglich. Der im 12. Jh. errichtete **Rheintorturm**, früher auch **Petershauser Tor** genannt, erfüllte dabei eine besondere Funktion: Als einziger Südzugang der hölzernen Rheinbrücke, die im Tor endete, kontrollierte er den Verkehr zwischen dem Norden und dem Süden, dem Thurgau, der Schweiz und Italien. Zur Entstehungszeit der Brücke im 12. Jh. standen hier mehrere Mühlen; mit dazwischen gespannten Ketten konnten die Konstanzer den Schiffsverkehr blockieren. Auf einer quadratischen Grundfläche von neun mal neun Metern ragt der Turm 35 m in die Höhe. Unten aus Sandstein gemauert, kragt er im oberen Bereich mit einem Fachwerkgeschoss aus. Mehrmals ange-

Die mittelalterliche Rheinbrücke endete einst am Turmdurchgang

Das Konstanzer Paradies

Wer heute durch das Gebiet zwischen Seerhein, Oberer und Unterer Laube sowie Schweizer Grenze spaziert, entdeckt kaum noch Hinweise darauf, dass das 63 Hektar große Areal namens Paradies [b–ci] Konstanz bis zum 19. Jahrhundert mit frischem Obst und Gemüse, Fleisch aus lokaler Viehhaltung und Fisch aus dem Seerhein versorgte – und wohl auch als Hinrichtungsstätte diente. Jedenfalls haben die Reformatoren Jan Hus (1415) und ein knappes Jahr später Hieronymus von Prag angeblich hier auf dem Scheiterhaufen den Tod gefunden (s. S. 100). Ein Findling, der **Hussenstein,** erinnert an der Ecke Zum Hussenstein/Alter Graben an die Hinrichtung.

Im 12. Jahrhundert ließen sich Ordensschwestern in einem Kloster vor den Konstanzer Mauern nieder, das sie „claustrum Paradysi apud Constantiam" nannten. Obwohl sie den Konvent 1324 wieder verließen, um nach Schaffhausen zu ziehen, blieb der Name „Paradies" an der dörflichen Siedlung Eggenhusen haften. Im 17. Jahrhundert wurde das Paradies durch den Bau von Gräben und Türmen in die Konstanzer Stadtbefestigung einbezogen. Zuzug und Hausbau verdrängten im 19. Jahrhundert die landwirtschaftlichen Flächen, die sich nun nach Westen aufs Tägermoos (heute in der Schweiz) verlagerten. In knapp 100 Jahren entstand somit westlich der Altstadt ein ganz neuer Stadtteil, den im östlichen Bereich – nahe der Oberen und Unteren Laube – zahlreiche Beispiele eleganter Gründerzeitarchitektur prägen.

Eine interessante Fassadengestaltung zeigt das 1911 errichtete **Marie-Ellenrieder-Gymnasium** (Brauneggerstr. 29) mit Jugendstil- und folkloristischen Motiven. An der Grenzbachstraße erinnert das 1923 errichtete **Palmenhaus** (s. S. 75) mit kleiner Parkanlage an die Umgestaltung des Paradieses. Die Viehhaltung wurde übrigens erst 1994 eingestellt.

031ko-fk

griffen und umkämpft, erlitt der Turm allerlei Schäden, doch den endgültigen Garaus wollte ihm die Konstanzer Stadtverwaltung machen, als sie 1861 im Zuge von Abbrucharbeiten an der Stadtmauer und dem Neubau der Brücke ein Stück weiter östlich auch den Abriss des Turms vorsah. Stadtrat Ludwig Leiner, Begründer des Rosgartenmuseums (7), verhinderte es. Heute ist der Turm Sitz der **Initiative Rheintorturm e.V.**, die sich um die Instandsetzung und Nutzung kümmert. Unter anderem hat sie in den Räumen ein **Fasnachtsmuseum** (s.S. 75) eingerichtet.

Der **Pulverturm** 200 m weiter westlich sicherte die Nordwestecke der ummauerten Stadt. Die vier **Statuen am Rheinufer** zwischen den beiden Türmen schmückten ursprünglich die Pfeiler der 1860 errichteten und 1938 durch einen Neubau ersetzten steinernen Rheinbrücke. Sie zeigen die Bischöfe Konrad und Gebhard von Konstanz, Herzog Berthold von Zähringen und den Großherzog Leopold.

› Rheinsteig, Tel. 07531 52602, www.rheintorturm.de

Jenseits des Seerheins (Petershausen)

Der **rechtsrheinische Stadtteil Petershausen** [C–D1] bildete einen der Orientierungspunkte von Bischof Konrads Vision eines „zweiten Rom“ (s.S. 36). Hier sollte ein **Kloster** mit einer dem hl. Petrus geweihten Kirche entstehen, dem römischen Petersdom nachempfunden. Folglich erhielt das Kloster den Namen *Petri domus* („Heim des Petrus“): Petershausen. Im Jahr 938 stiftete Gebhard II. den Konvent, dessen Räume heute vom **Archäologischen Landesmuseum** (23) genutzt werden.

Petershausen blieb bis zur Säkularisierung zu Beginn des 19. Jh. eine Klostersiedlung. Erst um die Wende zum 20. Jh. erkannte man die Attraktivität des Konstanz' gegenüberliegenden Rheinufers und bebaute es mit stattlichen Beispielen der **Gründerzeit- und Jugendstilarchitektur**, die den Stadtteil bis heute prägen. Die **Rheinbrücke**, 1860 errichtet, trägt die Markierung **„Rheinkilometer 0“** (s.S. 16); laut der 1939 ver-

032ko-fk

bindlich eingeführten Kilometrierung beginnt der Fluss also offiziell an dieser Stelle. Die **Fahrradbrücke** überspannt den Fluss seit 1992.

Der das Petershausener Ufer säumende **Herosé-Park** [B1] gilt als einer der In-Treffpunkte junger Konstanzer in lauen Sommernächten. In Petershausen befinden sich außerdem das beliebte Rheinstrandbad (s. S. 124), das Strandbad Horn (s. S. 124) und die 2001 eingeweihte Mevlana-Moschee. An der **Seerhein-Promenade** nach Westen bildet das ab 2003 auf dem ehemaligen Fabrikgelände von Degussa entstandene Neubaugebiet **Great Lakes** einen städtebaulichen Kontrastpunkt zur Gründerzeitarchitektur östlich der Rheinbrücke.

23 Archäologisches Landesmuseum ★★★ [D1]

Das bedeutendste archäologische Museum am Bodensee entführt Besucher mit didaktisch vorbildlicher Präsentation in die Vor- und Frühgeschichte.

Die Anlage des **ehemaligen Benediktinerklosters** geht auf das 18. Jh. zurück, als der bereits im 10. Jh. gegründete Konvent neu errichtet wurde. Nach der Säkularisierung folgten im 19./20. Jh. Zwischennutzungen als Militärkrankenhaus und Klosterkaserne, die Stiftskirche wurde 1831 abgerissen. 1992 zog das Archäologische Landesmuseum ein.

Gleich zu Beginn zeigt das Museum, wie man sich eine **archäologische Grabungsstätte** vorzustellen hat. Fundamente sind zu sehen, ein Tierskelett wird freigelegt, Themen der Mineralogie werden diskutiert. So eingestimmt, erfährt der Besucher auf dem weiteren Rundgang auch, was die Funde menschlicher Knochen erzählen, wenn die Wissenschaft sie mit unterschiedlichen Methoden untersucht.

Eine der faszinierendsten Abteilungen widmet sich der frühen **Schifffahrt:** Angefangen bei den Kelten über die Römer werden verschiedene Schiffstypen und die beförderten Lasten erläutert. Ein frühmittelalterlicher Einbaum aus dem 7. Jh. ist zu sehen und ein Diorama, das den Bodenseegrund abbildet. Das Wrack eines 20 m langen Lastenseglers aus dem 14. Jh. mit 37 m² Segelfläche in einem modernen Glasanbau bildet den Höhepunkt dieses Ausstellungsbereichs.

In der **ersten Etage** folgt die Ausstellung der **Entwicklung von Konstanz** von der Jungsteinzeit über Römerzeit und Mittelalter bis in die Neuzeit. Faszinierend ist die **Abteilung „Welt der Pfahlbauten"**, die den Alltag einer jungsteinzeitlichen Siedlung mindestens ebenso gut zum Leben erweckt wie das Pfahlbau Museum in Unteruhldingen 44. Die römische Epoche spiegelt das Haus mit Funden aus dem bis zu sechs Meter unter dem heutigen Ladenburg am Neckar liegenden Resten der römischen Stadt Lopodunum – darunter ein Schatz aus dem 2. Jh. mit mehreren Büsten und Tierskulpturen.

Das **Mittelalter** in Konstanz beherrscht die **zweite Etage.** Es geht um den Gegensatz zwischen Stadt und Land, was Wohlstand und Komfort betrifft, aber auch um die Stadtentwicklung vom Pfahlbaudorf über das römische Kastell bis zur Bischofspfalz und zum Konzil. Spannend ist zudem die Erläuterung verschiedener städtischer Baustile wie lehmverputztes Flechtwerk. Eine Abteilung widmet

◁ *Moderne, frische Ausstellung: das Archäologische Landesmuseum*

033ko-fk

sich der Frage, was Latrinen über den Alltag erzählen. Zu guter Letzt geht es am Beispiel einer herzoglichen Familiengruft um den Tod.

Nicht nur **Familien mit Kindern** sei der Besuch der **obersten Etage** ans Herz gelegt: Hier öffnen sich die Türen zu einer fantasievoll und kreativ nachgebauten, historischen **Playmobilwelt,** die von der Urzeit mit neolithischem Haufendorf und Mammuts über Pfahlbausiedlungen und mittelalterliche Burgen bis zur Neuzeit jede Entwicklungsphase der Geschichte beleuchtet. Die Hauptthemen ändern sich im Zweijahresrhythmus, ab März 2022 heißt das Motto „Burggeschichten" und alles dreht sich um die Entwicklung vom keltischen Wall zur Ritterburg.

› Benediktinerplatz 5, Tel. 07531 98040, www.alm-bw.de, Di.-So. 10-18 Uhr, Eintritt: 6 €, Kinder Eintritt frei, jeden 1. Sa. im Monat Eintritt frei

Blick auf Petershausens Altbauten vom Stadtgarten 3 *aus*

24 Seestraße/Nordufer ★★ [di]

Vom Altstadtufer betrachtet, leuchten die Fassaden entlang der Seestraße wie mit Aquarellfarben gemalt über den Seerhein. Mit dieser Bebauung begann Petershausens Karriere als Villenviertel.

1869 wurde die Seestraße angelegt, die heute von der Rheinbrücke entlang des Rheinufers bis zum **Jachthafen** verläuft. Auf ihrem ersten Abschnitt bis zur Glämischstraße säumt sie eine Häuserzeile, die 1902-1906 unter Federführung des Architekten Jacob Walther entstand. Das zuletzt fertiggestellte Eckhaus (Nr. 1) prunkt in **verspieltem Jugendstil,** lange Zeit diente es als Hotel. Die angrenzenden Fassaden sind zwar schlichter, aber nicht weniger eindrucksvoll.

Folgt man der Verlängerung der Seestraße am von Platanen gesäumten **Uferweg,** wechseln sich Grünflächen und Villen ab, darunter das Casino Konstanz und die strahlende **Villa Prym,** die - 1876 relativ schlicht errichtet - 1908-1912 aufwendig umgebaut und mit auffälligen Fresken geschmückt wurde. Sie zeigen das Besitzerpaar u. a. bei der Jagd. Interessant ist auch die organische Architektur der **Kliniken Schmieder**, deren Hauptgebäude seit 1992 wie ein ankernder Dampfer über dem großen Parkgrundstück thront. Die historische Villa Douglas von 1858 ist geschickt in den Neubau einbezogen.

Auf dem Nebengrundstück wartet ein ganz besonderes Ensemble: der zum Denkmal erklärte 2,2 Hektar große **Stiegeler Park** [fj]. Ursprünglich befanden sich hier die Weinberge des Dominikanerklosters und eine aus dem 17. Jh. stammende **Torkel**, also ein Haus für die Weinpresse. Nach der Säkularisierung gelangte das Gelände in Besitz der Markgrafen von Baden in Salem, 1908 gehörte es der Konstanzer Stiftskellerei, die es als Kiesgrube nutzte. 1918 erwarb der Großvater des aktuellen Besitzers das Gelände, beauftragte Alfred Speer senior mit dem Bau einer **repräsentativen Villa** und einen unbekannten Landschaftsgärtner mit der Anlage des Parks, in dem sich heute Rasenflächen mit exotischen Bäumen und Sträuchern von allen Kontinenten abwechseln. Besondere Aufmerksamkeit verdient die historische Torkel. Durch den an Le Corbusier erinnernden modernistischen Anbau des Frankfurter Architekten Christoph Mältzer entstand 1996 eine gelungene Synthese von Alt und Neu.

An der Spitze der Konstanzer Bucht, dem **„Hörnle“** [fi], sind die Bodensee-Therme (s. S. 124), das Bodensee-Stadion und das Strandbad Horn (s. S. 124) versammelt. Zwischen den modernen Funktionsbauten erscheint das **Neorenaissanceschloss Seeheim** (1890) wie ein Gruß aus längst vergangenen Zeiten. Wer mag, kann dem Uferweg weiter folgen und so die gesamte **Halbinsel Bodanrück** (s. S. 46) umwandern.

› **Stiegeler Park,** Hermann-Hesse-Weg 16, Tel. 07531 24075, www.stiegeler-park.de, Führungen nur nach Voranmeldung unter anmeldung@stiegeler-park.de (Termine im Sommerhalbjahr s. Website)

25 Bismarckturm ★ [dh]

In Deutschland und seinen Kolonien entstanden zu Beginn des 20. Jh. zahlreiche Bismarcktürme. Einen erhielt Konstanz als südwestlichste Stadt des Reiches.

22,8 m hoch ist der 1912 zu Ehren des Reichsgründers **Otto von Bismarck** betonierte Turm auf dem **Raiteberg** (452 m ü. NHN, 50 m über der Umgebung). Zwischen seiner Erbauung und 1945 entzündete man jeden 1. April (dem Geburtstag Bismarcks) und 2. September (am Sedantag, der den Sieg des Deutschen Reiches bei der Schlacht von Sedan 1870 markierte) in den oben angebrachten sechs Feuerpfannen das durch einen aufwendigen Mechanismus aus dem Untergeschoss hochgedrückte Öl. Heute kann man auf 106 Stufen zur **Aussichtsplattform** steigen und den Rundblick genießen. Derzeit ist der Turm an die Konstanzer Narrenvereinigung Seehasen verpachtet.

› Bismarcksteig, Turmbesteigung wegen Corona vorerst ausgesetzt, aktuelle Infos auf https://ng-seehasen-konstanz.de

26 Universität Konstanz ★ [dg]

Böse Zungen behaupten, der famose Ausblick über die Insel Mainau und den Bodensee bis zu den Alpen mache es den Studierenden der Konstanzer Uni besonders schwer, konzentriert zu arbeiten.

Die Gebäude der in den 1970er-Jahren auf dem **Gießberg** in **herrlicher Panoramalage** errichteten Universität zeichnen sich durch gewollte Kompaktheit und Uniformität aus, die nur die aus Holz erbaute Mensa im Zentralbereich sowie markante Farbsetzungen und Kunst am Bau auflockern.

Wie ein Bergdorf sollte sich der Bau gemäß den Plänen des Architekten Horst Linde an das bewegte Gelände schmiegen, mit Gras bepflanzte Hügel sollten zum Verweilen einladen. **„Affenberg"** nennen die Studenten diese Freifläche. Die Betonbauweise machte bereits 30 Jahre nach der Fertigstellung Sanierungsmaßnahmen notwendig. So präsentiert sich die **Universitätsbibliothek** heute als postmodernes, lichtes Ensemble im Uni-Komplex. Markante Akzente setzen das aus 227 farbigen Pyramiden zusammengesetzte Glasdach über der Agora sowie Lichterbaum und Kugelbrunnen im Innenhof (alle Otto Piene, 1972). Weitere **Kunstinstallationen** wie Friedrich Gräsels Röhrenplastiken (1969–1974) stellen die Verbindung von der Architektur zur umliegenden Natur her.

› Universitätsstr. 10, www.uni-konstanz.de

037ko-fk

Halbinsel Bodanrück

Die Halbinsel, deren Spitze nur der Seerhein vom Südufer des Bodensees – und damit von der Konstanzer Altstadt – trennt, ist rund 20 km lang und im Schnitt 7 km breit. Nach Nordosten fällt sie zum Überlinger See relativ schroff ab, während sie nach Südwesten zum Untersee sanft ausläuft. An ihrer Spitze, dem „Hörnle", liegt das beliebte Strandbad Horn. Hauptattraktionen der dicht bewaldeten Landzunge sind die beiden vorgelagerten Inseln Mainau und Reichenau und das malerische Radolfzell. Auf Bodanrück befindet sich auch der Fährhafen Staad [fh] – von hier verkehren Autofähren nach Meersburg am Ostufer.

27 Insel Mainau ★★★ [S. 144]

Von der römischen Werft zum Blumengarten am Bodensee: Mainau hat sich nach einer wechselvollen Geschichte als eines der beliebtesten Ausflugsziele am Schwäbischen Meer etabliert.

Neben der **Brücke**, die das Festland mit dem 4,5 km² großen Eiland verbindet, empfängt den Besucher eine hochbarocke **Kreuzigungsgruppe**, die wegen ihrer naturalistischen Ausgestaltung eher abschreckend als anziehend wirkt. Unter schwedischer Besatzung im Dreißigjährigen Krieg versuchten die Eroberer angeblich, dieses Schwedenkreuz bei ihrem Abzug mitzunehmen, doch es erwies sich als zu schwer. Die Schweden warfen die Skulptur wütend ins Wasser, Fischer stellten sie wieder auf.

Pittoresker Brunnen: Flamingotanz auf der Insel Mainau

036ko-fk

Auf der Mainau sind immer irgendwo Blüten zu bewundern

Nach der Nutzung als Hafen und Werft durch die Römer, nach Alemannenherrschaft und Abhängigkeit vom Kloster in Reichenau **28** kam der **Deutsche Orden** im 13. Jh. auf die Mainau und verblieb bis 1806. Unter seiner Ägide errichtete **Johann Caspar Bagnato** (1696–1757) im 18. Jh. die Kirche und das Schloss, das die ursprüngliche Ordensburg ersetzte. Nach der Säkularisierung folgten von 1806 bis 1859 mehrere Besitzerwechsel. Die europäischen Adligen reichten das Eiland herum. Dann griff **Großherzog Friedrich I. von Baden** zu und gestaltete Mainau zu seinem **Sommersitz** mit exotischen Bäumen, Sträuchern und Blumen. Sein Urenkel, **Graf Lennart Bernadotte,** wählte die Insel 1932 als Wohnsitz und setzte die landschaftsgärtnerische Umgestaltung fort. Nach dem Zweiten Weltkrieg öffnete er die Insel für den Tourismus. Heute führen Tochter Bettina und Sohn Björn das Tourismusunternehmen Mainau.

Vom Eingang nach der Brücke sind es auf direktem Weg ca. 20 Minuten (1,5 km) zu Fuß bis zur Schlossanlage und Kirche im Südosten. Es empfiehlt sich jedoch, nicht der kürzesten, sondern der reizvollsten Linie durch die Anlage zu folgen. Im Übrigen verkehrt ein **Inselbus** zwischen Eingang und Schlossanlage, sodass man bequem zurückgelangt, wenn die Füße nicht mehr wollen.

Der **Rundgang** beginnt hinter Kassenhäuschen, Verkaufsausstellung und Restaurant mit einer Allee fünfzigjähriger Metasequoia-Bäume. Südlich davon erstreckt sich das **Kinderland** mit Abenteuer- und Wasserspielplatz, Pfahlbausiedlung, Hängebrücken, Kettenstegen und dem Mainau-Bauernhof mit Streichelzoo. Am **Schmetterlingshaus**, auch dies ein schöner Kindertipp, hält man sich rechts entlang der duftenden Promenade der Wild- und Strauchrosen und erreicht die **Teichanlage** mit Liegewiese. An Stauden- und Dahliengarten entlang – letzterer ein Farbenrausch im Spätsommer – ist bald das östliche Ende der Insel erreicht. Eine spektakuläre **Blumen- und Wassertreppe** führt bergan zur majestätischen Viktoria-Linde. Linker Hand breitet sich die Blumenarena mit mediterraner Bepflanzung aus, weiter bergan führt der Weg durch den italienischen Rosengarten zum **Palmenhaus,** in dem die empfindlichen Exoten präsentiert werden. Von hier nach Osten leitet der Rhododendronhang über zur Blumenuhr und dem **Mainauer Hafen** mit gastronomischen Betrieben, darunter dem schicken **Restaurant Comturey** (s. Gastronomie-Liste auf S. 49), bewacht von dem verbliebenen Turm der einstigen Ordensburg.

Neben dem Palmenhaus verdienen die beiden barocken Bauten **Kirche** und Schloss Aufmerksamkeit: **St. Marien** hat einer der bedeutendsten Barockbildhauer Süddeutschlands, Joseph Anton Feuchtmeyer (1696–1770), gestaltet. Stuck, Fresken und Altäre streben himmlischen Sphären zu. Das 1739–1746 errichtete **Schloss** – eine harmonisch gestaltete Dreiflügelanlage – bewohnt die Familie Bernadotte. Zugänglich ist nur das hübsche **Schlosscafé.** Schräg gegenüber der Schlossanlage laden die **Schwedenschenke** und ein **Souvenirshop** zur Rast und zum Stöbern ein.

Wege mäandern entlang des mit vielen exotischen Bäumen (darunter verschiedene Zedernarten, Magnolien und Trompetenbäume) bepflanzten **Arboretums** und der **Frühlingsallee** zurück zum Ausgangspunkt. Letztere bietet vor allem im Frühjahr eine atemberaubende Farbenpracht, wenn Tausende Tulpen erblühen.

Auf dem Festland, nicht weit von der Mainau-Brücke entfernt, fordern Routen verschiedener Schwierigkeitsgrade im **Erlebniswald Mainau** (s. S. 49) ganze Konzentration: Geklettert wird im Hochseilpark stets zu zweit, die Mindestgröße beträgt 140 cm.

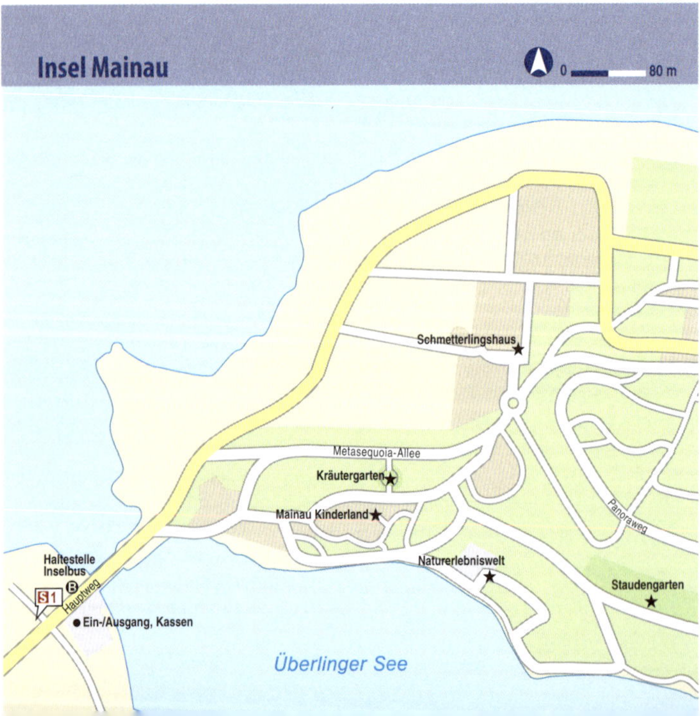

Nach dem Sport können sich die Teilnehmer im Biergarten **St. Katharinen** (s. rechts) im Innenhof eines ehemaligen Frauenklosters erholen.

- **Insel Mainau,** Tel. 07531 3030, www.mainau.de, tgl. Sonnenauf- bis Sonnenuntergang zugänglich, Eintritt: Ende März–Ende Okt. 23 €, Schüler ab 13 Jahre 14 €, Kinder gratis, im Winter Preisreduktion, **Inselbus:** bis auf Weiteres nicht verfügbar
- **Anfahrt mit dem Auto:** von Konstanz nach Norden über die B33 und L219 (7 km), Parken auf dem Besucherparkplatz (Ende März–Ende Okt. 6 € Gebühr)
- **Anfahrt per Bus oder Schiff:** Busse der Ringlinie 4/13 und 13/4 verbinden Konstanz halbstündlich mit Mainau (www.stadtwerke-konstanz.de). Ende März–Anf. Okt. verkehrt ein Schiff auf der Linie Konstanz – Überlingen (www.bsb.de).

KURZ & KNAPP

Mainauer Blütezeiten

- Schneeglöckchen (März)
- Frühjahrsblumen, Narzissen, Tulpen, Orchideen (April)
- Rhododendron, Pfingstrosen (Mai)
- Wild- und Strauchrosen (Mai/Juni)
- Rosen (Juni/Juli)
- Hortensien (Juli)
- Dahlien (Sept./Okt.)

S1 [S. 48] **Erlebniswald Mainau,** St. Katharina 1, Tel. 07531 3613667, www.erlebniswald-mainau.de, Anfang April–Anfang November Fr.–So. 11–19 Uhr, in den Ferien tgl. geöffnet, Eintritt: 23,50 €, Kinder 10–13 Jahre 13,50 €, Jugendliche 13–18 Jahre 17,50 €

Gastronomie

2 [S. 48] **Restaurant Comturey** €€€, oberhalb des Hafens, www.mainau.de (unter „Essen & Trinken"), täglich nur im Sommerhalbjahr. Das Restaurant am Ostende der Insel serviert regionale Küche und Bodensee-Spezialitäten wie Fischsuppe, teilweise aus Bio-Anbau.

3 [S. 48] **Schwedenschenke** €€€, beim Torbogengebäude, Tel. 07531 303156, www.mainau.de (unter „Essen & Trinken"), Sommer tgl. 11–23, Winter tgl. 11–15 Uhr. Internationale und badische Leckereien, am schönsten im Freien. Empfehlenswerte Fischgerichte, z. B. Hechtklößchen.

- **St. Katharinen** €€, im Erlebniswald Mainau, www.erlebniswald-mainau.de (unter „Biergarten St. Katharina"), Anfang April–Anfang November Fr.–So. 11–18 Uhr, in den Ferien täglich geöffnet. Im gemütlichen Biergarten im Innenhof eines ehemaligen Klosters kommt deftige Kost auf den Tisch. Bei schlechtem Wetter speist man in den Klosterräumen.

28 Reichenau ★★★ [S. 144]

Seit dem Jahr 2000 zählt die Insel zum UNESCO-Weltkulturerbe. Sie gilt als herausragendes Zeugnis für die religiöse und kulturelle Bedeutung eines großen Benediktinerklosters im Mittelalter.

Die rund 13 km² große Insel im **Untersee** ist seit Mitte des 19. Jh. durch einen **Damm** mit dem Festland verbunden. Besiedelt wurde sie bereits von den Römern.

Dem Ankommenden bietet sich ein recht widersprüchliches Bild: **Gemüsebeete** und **Obstpflanzungen** bedecken mehr als ein Drittel des Eilands, ein Viertel davon in Gewächshäusern. Rund 12.000 Tonnen Salat und Gemüse produzieren die Bauern pro Jahr auf der Insel, ein Teil inzwischen auch im Bio-Landbau. Die große Fruchtbarkeit ist dem **milden Klima** zu verdanken – der Bodensee wirkt wie ein Wärmespeicher. Und mittendrin, zwischen Plastikplanen und Kartoffelstauden, erheben sich **drei frühmittelalterliche Gotteshäuser** (29 – 31) in den Siedlungen **Oberzell** im Osten, **Mittelzell** in der Mitte und **Niederzell** im Nordwesten der Insel, denen **fünf Museen** zugeordnet sind.

Neben den kulturhistorischen Sehenswürdigkeiten lohnt ein Besuch beim **Aussichtspunkt Hochwart**, wo das ehemalige Teehäuschen (heute ein Keramikatelier) einen 40 m hohen Hügel in der Inselmitte krönt. Über Weinreben, Gemüsefelder, Gewächshäuser und den See reicht der Blick an klaren Tagen bis zu den Alpen.

Wer Lust hat, kann Reichenau auf einem gut ausgebauten **Fahrradwegenetz** erkunden, u. a. ist eine Insel-

umrundung möglich. Ein **Radverleih** (Freizeitcenter Reichenau, inkl. Kanuverleih) findet sich bei der Schiffsanlegestelle an der Südküste. Das **Strandbad Baurenhorn** (s. S. 124) liegt im Nordwesten, unweit des Jachthafens.

Zur **Geschichte** der Insel: 724 gründete Bischof Pirmin auf Anweisung von Karl Martell – des Verwalters des Fränkischen Reiches – auf der Reichenau ein **Benediktinerkloster**, dessen Mönche die heidnischen Alemannen bekehren sollten. Der Konvent bzw. seine **Äbte** unterhielten stets intensive Beziehungen zu den Kaisern des Römischen Reiches: Abt Waldo (786–806) beispielsweise fungierte nicht nur als Klostervorsteher, sondern zugleich als Regent des jungen Langobardenkönigs Pippin, eines Sohnes Karls des Großen. Sein Nachfolger Heito I. (806–823) war mit Karl dem Großen befreundet und verhandelte für ihn mit Byzanz. Walahfrid Strabo (842–849) kam als Erzieher an den kaiserlichen Hof in Aachen, Hatto III. (888–913) war gar Erzkanzler des Reiches. Diese enge Verbindung zum karolingischen Herrscherhaus verschaffte dem Kloster Reichenau Ansehen, Berühmtheit und natürlich auch Macht. **Reliquien** untermauerten diese Stellung. 830 erhielt die Insel Reliquien des hl. Markus, 896 schenkte der Papst dem Kloster den Kopf des hl. Georg; 925 schließlich gelangte der Konvent in den Besitz der „Heilig-Blut-Reliquie". Die Äbte, meist zugleich auch Bischöfe, u. a. von Pavia bzw. Verona, förderten die Künste oder waren selbst künstlerisch tätig. Walahfrid Strabo schrieb und dichtete; Ende des 10. Jh. erlebte die **Reichenauer Buchmalerei** ihre höchste Blüte. Im 11. Jh. endete die große Ära der Reichenau.

038ko-fk

1540 wurde das Kloster an den Konstanzer Bischof Johann III. von Weeze verkauft und schließlich 1757 im Zuge der Säkularisierung aufgelöst.

- **Anfahrt mit dem Auto:** von Konstanz aus über die B33 nach Westen und dann auf die Pirminstraße Richtung Reichenau abbiegen (8 km)
- **Anfahrt per Schiff:** Schiffsanlegestelle Reichenau, An der Schiffslände, Tel. 07534 999767; Bodenseeschifffahrt April–Okt. ab Konstanz und Radolfzell (www.bsb.de), Fähre Baumann April–Okt. von Allensbach (www.schifffahrtbaumann.de), Schweizer Schifffahrt Untersee und Rhein April–Okt. von Kreuzlingen und Schaffhausen (www.urh.ch), Solarfähre Mai–Sept. vom Schweizer Mannenbach
- **Anfahrt per Bahn und Bus:** von Konstanz mit Regionallinie „Seehas" ca. alle 30 Min. (http://sbb-deutschland.de) bis zum Bahnhof Reichenau/Baden, weiter mit Bus 204

Die Basilika St. Georg 29 *im Osten der Insel Reichenau*

i4 [S. 50] **Tourist-Information Reichenau,** Pirminstr. 145, Tel. 07534 92070, www.reichenau-tourismus.de, Mo.–Fr. 9–12.30 u. 13.30–16, Mai–Sept. durchgehend bis 18 Uhr, Sa. 10–13 Uhr

› **Übersicht Museen Reichenau:** www.museumreichenau.de

S5 [S. 50] **Freizeitcenter Reichenau,** Zum Sandseele 1, Tel. 07534 9958777, www.freizeitcenter-reichenau.de, Mai–Sept. tgl. 10–19 Uhr, Rad-, Kanu- und SUP-Verleih, Rad ca. 10 €/3 Std., 2er-Kanu 20 €/Std.

29 St. Georg ★★★ [S. 50]

Zwischen Salatköpfen und Sommerblumen begrüßt St. Georg – wuchtig und schlicht – die Besucher Reichenaus.

Das erste Gotteshaus nach Überquerung des Damms ist St. Georg in **Oberzell**, errichtet Ende des 9. Jh. Im 10. Jh. kamen Westapsis und Portal, im 11. Jh. die Vorhalle hinzu. St. Georg war dazu bestimmt, die **Reliquie des Kirchenpatrons** aufzunehmen, und ist abgesehen vom gotischen Spitzdach in seiner mittelalterlichen Architektur nahezu unverfälscht erhalten. Sensationell sind die **farbintensiven Fresken** (um 1000) im Langhaus, die einen Eindruck davon vermitteln, wie Gotteshäuser zu jener Zeit ausgesehen haben: Großformatige Bilder der acht Wunder Jesu füllen nahezu die gesamten Wände des Hochschiffs. Die Fresken in Chor und Seitenschiffen sind leider nur noch in Fragmenten sichtbar. Der Bildzyklus ist der einzige aus dieser Zeit erhaltene nördlich der Alpen.

Da Feuchtigkeit die Fresken unweigerlich angreift, kann die Kirche **im Sommerhalbjahr nur im Rahmen einer Führung besichtigt** werden. Wer außerhalb der Führungszeiten kommt, kann sich mit eindrucksvoll präsentierten Reproduktionen im **Museum St. Georg** jenseits der Hauptstraße trösten. Die herrlichen Fresken sieht man hier hintergrundbeleuchtet auf Augenhöhe und mit Kommentaren zur Bedeutung versehen.

› Seestr. 4, Oberzell, Mai–Sept. nur Führung tgl. 12.30 u. 16 Uhr, Okt.–April Mo. 17 Uhr (Kosten: 5 €); Okt.–April tgl. 9–17 Uhr, dann Eintritt frei

› **Museum St. Georg,** Pirminstr. (am Parkplatz), April–Okt. tgl. 10.30–16.30, Juli/Aug. bis 17.30, Nov.–März Sa./So. 14–17 Uhr, Eintritt frei

30 Münster St. Maria und Markus mit Münstermuseum ★★★ [S. 50]

Die ehemalige Klosterkirche ist ein architektonisches Meisterwerk zwischen Romanik und Gotik. Die Schatzkammer sollte man sich auf keinen Fall entgehen lassen!

Zwischen dem 9. und dem 17. Jh. haben die Äbte an der Klosterkirche in **Mittelzell** bauen lassen und sie mit Kunstwerken ausgestattet. Bereits im 9. Jh. wurde die im Kern aus dem 8. Jh. stammende **Kreuzbasilika** durch einen Westchor erweitert, der die **Reliquien des hl. Markus** aufnehmen sollte (Markusbasilika). Eine an den Ostchor Ende des 10. Jh. angebaute Rotunde war für die **„Heilig-Blut-Reliquie"** vorgesehen und dem „Heiligen Grab" in Jerusalem nachempfunden. Etwas später folgte die Umgestaltung des Langschiffs und die Aufstockung beider Türme. Als die nach einem Brand rekonstruierte Basilika 1048 neu geweiht werden musste, hatte sie im Prinzip ihr jetziges Aussehen. Eine wesentliche Änderung brachte nur noch die gotische Umgestaltung des Chors im 15. Jh., der im Barock schließlich sein Chorgitter und den Heilig-Blut-Altar erhielt.

Im Gegensatz zu St. Georgs 29 Fresken ist die **Ausstattung** in St. Marien bescheiden. Sehenswert ist der einem Schiffsrumpf nachempfundene, offene **normannische Dachstuhl** aus dem 13. Jh., der einzig erhaltene nördlich der Alpen. Den gotischen Chor schmückt ein **Allerheiligenaltar** mit fein gearbeitetem Tafelbild vom Ende des 15. Jh. Hinter dem Chorgitter leuchtet dem Betrachter feuerrot der barocke **Heilig-Blut-Altar** mit der Reliquie (blutgetränkte Erde und Kreuzpartikel von Golgatha) entgegen, gefasst in ein silbernes Kreuz. Am anderen Ende des Langhauses erlaubt das gotische Maßwerk am Altar der **Markusbasilika** den Blick auf den dahinter liegenden Sarkophag mit den Reliquien des hl. Markus.

Die **Schatzkammer** verwahrt weitere kostbare Reliquiare (Behälter zur Aufbewahrung von Reliquien), darunter das Original des Markussarkophags, außerdem ein aus dem 5. Jh. stammendes Elfenbeinziborium (ein Gefäß für Hostien) und ein imposantes romanisches Kruzifix (um 1100).

Nach der Besichtung des Münsters lohnt ferner ein Blick auf den **Kräutergarten,** der 1991 nach den Aufzeichnungen des Walahfrid Strabo angelegt wurde. Der Abt hatte in seinem Gedicht „De cultura hortorum“ den idealen Klostergarten skizziert.

Das **Münstermuseum** besteht eigentlich aus **zwei Ausstellungen:** Das **Alte Rathaus** (ca. 100 m entfernt am Marktplatz) widmet sich der Bürgergeschichte und der Historie der Reichenau 28 sowie herausragenden Leistungen des Klosters in einer modern aufbereiteten, multimedialen Ausstellung. Im **Anbau** wird dagegen die Baugeschichte des Klosters thematisiert. Diese Ausstellung hebt die Dichtkunst des Abtes Walahfrid Strabo sowie die Buchmalerei hervor und beschäftigt sich mit dem St. Galler Klosterplan, der wohl auf Reichenau entstand. Auch dem Reliquienkult ist eine eigene Abteilung gewidmet.

- Münsterplatz 4, Mittelzell
- **St. Maria und Markus sowie Kräutergarten,** tgl. 9–17 Uhr, Eintritt frei
- **Schatzkammer und gotischer Chor,** April–Sept. Mo.–Fr. 10–12 u. 15–17, Okt. 10–12 Uhr, Eintritt: 2 €
- **Münstermuseum,** April–Sept. tgl. 10.30–16.30, Juli/Aug. bis 17.30, Nov.–März Sa./So. 14–17 Uhr, Eintritt: 5 €

Die Schatzkammer des Reichenauer Münsters blendet den Besucher mit ihrer Pracht

041ko-fk

31 St. Peter und Paul ★★★ [S. 50]

An der nordwestlichen Inselspitze steht nicht nur die dritte erhaltene der ursprünglich wohl über 30 Kirchen und Kapellen auf Reichenau, hier leben auch wieder Benediktiner.

Das 799 geweihte Gotteshaus in **Niederzell**, in dem 802 der Veroneser Bischof (und Vertraute Karls des Großen) Egino seine letzte Ruhe fand, wurde im 12. Jh. abgerissen und neu errichtet.

Die **romanische Bauform** der Basilika mit ihrer im 15. Jh. vollendeten Zweiturmfassade und die im 12. Jh. aufgetragenen Fresken im Apsisbereich sind hervorragend erhalten. Für einen eigenwilligen Kontrast sorgt die im 18. Jh. stuckierte **Rokokodecke** des Langhauses. Ein monumentales Fresko von Christus beherrscht die **Hauptapsis:** Umgeben von Heiligen, Propheten und Aposteln sitzt er auf einem Regenbogen, das Buch des Lebens in der einen Hand, während die andere segnend erhoben ist. In der südlich der Hauptapsis anschließenden **Eginokapelle** sind ebenfalls Freskenreste erhalten. Der Bildzyklus in der westlichen Vorhalle stammt wohl aus dem späten Mittelalter.

Eines der bedeutendsten Zeugnisse der Reichenauer Geschichte – eine aus dem 8. Jh. stammende **Abdeckplatte** des ersten Hochaltars – können Besucher nur in Form einer Reproduktion im angeschlossenen **Museum St. Peter und Paul** bewundern. Eingeritzt oder mit Tinte verewigt haben sich darauf über 400 Menschen, Mönche wie Laien; über die Gründe dafür kann man nur spekulieren. Des Weiteren ist in dem Museum die Baugeschichte der Kirche dargestellt.

Seit 2001 leben wieder zwei Benediktinermönche unweit der Kirche in der **Cella St. Benedikt.** Besucher sind zu den Stundengebeten in der Eginokapelle willkommen.

› Eginostr. 12, Niederzell, tgl. 9–17 Uhr, Eintritt frei

› **Museum St. Peter und Paul,** April–Okt. tgl. 10.30–16.30, Juli/Aug. bis 17.30, Nov.–März Sa./So. 14–17 Uhr, Eintritt frei

▫ *St. Peter und Paul ist die dritte der Reichenauer Kirchen*

Gastronomie

6 [S. 50] **Bei Riebels** €€, Seestr. 13, Oberzell, Tel. 0172 7679903, www.reichenauer-fischhandlung.de (unter „Bei Riebels"), Ostern–Okt. Mo.–Sa. 11.30–19 Uhr. Wie eh und je: Aus der eigenen Fischerei frisch auf den Imbisstisch – Riebels ist eine Institution für Fischliebhaber.

7 [S. 50] **Georg's Fischerhütte** €€, Fischergasse 5, Mittelzell, Tel. 07534 7169, www.georgs-fischerhuette-reichenau.de, März–Okt. tgl. 11–22 Uhr. Das rustikale Restaurant war früher ein Imbiss und bietet nun Fischküche auf gutbürgerlichem Niveau.

› **Mohren Restaurant** €€€, im Hotel Mohren (s. S. 129), www.mohren-bodensee.de (unter „Restaurant"), tgl. 11.30–23.30 Uhr. Andreas Nemeth heißt der kreative Küchenchef, der innovativen Geist ins Traditionsrestaurant bringt. Gekocht wird mit regionalen Produkten und Kreativität.

8 [S. 50] **MuseumsCafé** €€, Ergat 5, Mittelzell, Tel. 0163 4897917, www.cafe-reichenau.de, Sa.–Do. 10–18 Uhr. Gemütlich-modern: Kaffee und Kuchen im Café oder auf der Terrasse neben dem Museum Reichenau.

9 [S. 50] **Sandseele** €€, Bradlengasse 24, Niederzell, Tel. 07534 7384, www.sandseele.de, Ende März–Anf. Okt. Der Biergarten neben dem Campingplatz profitiert von der herrlichen Lage am See. Auf den Tisch kommen Salate und Bodenseefisch. Die Kleinen erobern den Spielplatz nebenan.

10 [S. 50] **Zum Alten Mesmer** €€, Burgstr. 9, Mittelzell, Tel. 07534 239, http://zumaltenmesmer.de, Anf. März–Okt. Mi.–So. ab 11.30 Uhr. Wie die Ratsherren: Gepflegte Küche mit lokalen Zutaten. Der Gasthof gegenüber vom Münster besteht schon seit 100 Jahren.

MEIN TIPP

Bäuerliche Vesper

Schinkenplatte, Landjäger, Leberwurstbrot, Schwartenmagen oder Wurstsalat – in der Bauernstube Litz kommen Fans deftiger, fleischlastiger Hausmannskost auf ihre Kosten. Alle Gerichte stammen aus eigener Schlachtung. Sie werden im tollen, großen Biergarten oder in der kleinen Stube serviert. Dazu werden Bier, Wein oder Most gereicht.

11 **Bauernstube Litz** €, Zum Einfang 2, Allensbach-Freudental, Tel. 07533 4304, http://bauernstube-litz.de, März–Okt. Mo. u. Mi.–Sa. ab 14.30, So. ab 11 Uhr, sonst Do.–So. ab 11 Uhr

040ko-fk

32 Radolfzell am Bodensee ★★ [S. 144]

Die hübsche Altstadt von Radolfzell mit dem Marienmünster liegt am westlichen Rand der Halbinsel Bodanrück und am nördlichen Ende des Zellersees.

Auch bei Radolfzell haben die Menschen wohl schon in der mittleren Steinzeit gesiedelt. Verbürgt ist für das 6. Jh. ein alemannisches Dorf. Radolfzell war Teil des Sprengels des reichen und mächtigen Klosters von Reichenau 28. Seinen Namen erhielt es vom **Veroneser Bischof Radolf**, der das Dorf Mitte des 9. Jh. von Reichenau erhielt und eine Kirche mit einer Cella (einem kleinen Kloster) errichten ließ. Im Jahr 1100 erhielt der Flecken Marktrechte, 1267 erhob man ihn zur Stadt. Bis 1298 hatte Reichenau das Sagen, dann Österreich, schließlich verlieh der Kaiser Radolfzell 1455 den Status einer **Freien Reichsstadt.**

Unterwegs in der Radolfzeller Altstadt

Radolfzell könnte wunderschön an den Ufern der – von der **Halbinsel Mettnau** getrennten – Buchten Zellersee und Gnadensee liegen, wenn, ja wenn nicht die **Eisenbahn** wäre. Ihre Schienenstränge verlaufen bei Radolfzell direkt am Ufer entlang und trennen mit ihrer „Industriebrache" die Strandpromenade von der Altstadt. Dennoch lohnt ein Besuch, nicht zuletzt wegen der reizvollen **fachwerkgerahmten Gassen** und dem eindrucksvollen Münster. Und wer viel Zeit mitbringt, kann noch das **Stadtmuseum**, eine Fasnachtsausstellung im **Museum im Zunfthaus** oder eine **Computerausstellung** (s. Liste auf S. 57) besuchen. Bei schönem Wetter lockt das **Strandbad Mettnau** (s. S. 125).

- **Anfahrt mit dem Auto:** 22 km nordwestlich von Konstanz, das Parkleitsystem weist freie Plätze aus
- **Anfahrt per Bahn:** Regionalbahn Richtung Engen, Fahrtzeit ca. 20 Min.

042ko-fk

ⓘ 12 Tourist-Information Radolfzell, Seestr. 30, Tel. 07732 81500, www.radolfzell-tourismus.de, Mai–Sept. Mo.–Fr. 9–18, Sa./So. 10–13, sonst Mo.–Fr. 9–13 u. 14–17, Sa. 10–13 Uhr

33 Marienmünster Radolfzell ★★ [S. 144]

Spätgotisches Gotteshaus, das mit den Reliquien der Heiligen Zeno, Theopont und Senesius zu einem bedeutenden regionalen Wallfahrtsziel avancierte

Das **Marienmünster Unserer Lieben Frau,** eine achtjochige Pfeilerbasilika, errichtete man 1436–1555 auf den Fundamenten der von **Bischof Radolf** im 9. Jh. erbauten Kirche. Die Reliquiensammlung ging bereits auf Radolf zurück. Er war in Verona Bischof Egino nachgefolgt, der während seiner letzten Tage auf der Insel Reichenau 28 verweilt hatte. Dort wollte Radolf eigentlich auch seinen Lebensabend verbringen, doch der Reichenauer Abt verweigerte es ihm. Radolf musste sich mit Radolfzell 32 begnügen.

1713 hat man die Kirche barockisiert (Mittelschiffgewölbe). Bedeutendstes Kunstwerk ist die **Kreuzigungsgruppe** aus drei Einzelteilen (Hans Schenk, um 1620) im Mittelschiff rechts über den Arkaden. Der **Sarkophag Radolfs** steht im rechten Seitenschiff unter dem ersten Joch bei der Sakristei. Der Hauptaltar ist nicht – wie es scheint – der neogotische Hochaltar im Chor, sondern der davor im ehemaligen Lettnerbereich

Der Bodensee war auch schon in den 1920er-Jahren ein beliebtes Ziel

befindliche moderne Altar. Er birgt im „Hausherrenschrein" die **Reliquien der drei Heiligen,** die Radolf zur Gründung seiner Cella mitgebracht hatte.

Weitere Museen

13 **CompuRama,** Güttinger Str. 19, Tel. 07732 81386, www.compurama-radolfzell.de, Do. 15–18 Uhr, Eintritt frei. Eine ehrenamtlich zusammengetragene Sammlung von Kleinrechnern, beginnend mit den 1970ern und den Rechengrößen von Commodore, Atari und Co.

14 **Museum im Zunfthaus,** Kaufhausstr. 3, Tel. 07732 988233, www.zunfthaus-radolfzell.de, nach Vereinbarung geöffnet, Eintritt frei. Museum der Faschingsgesellschaft Narrizella Ratoldi 1841 e. V. im Zunfthaus über die 175-jährige Feiergeschichte des Vereins.

15 **Stadtmuseum,** Seetorstr. 3, Tel. 07732 81530, www.radolfzell.de/stadtmuseum, Do.–So. 11–17 Uhr, Eintritt: 5 €, Kinder frei. In einer ehemaligen Apotheke aus dem 17. Jh. fächert die Ausstellung die Stadtgeschichte unter verschiedenen Blickwinkeln auf und erinnert an den berühmtesten Bürger Radolfzells: Joseph Victor von Scheffel (1826–1886), Poet und Schriftsteller.

Gastronomie

16 **Cobblers Café** €, Schmidtengasse 9, Tel. 07732 9590193, www.cobblers-cafe.de, Di.–Fr. 9–18, Sa. 9–14 Uhr. Für Süßschnäbel: Lust auf eine Schleckerei zwischendurch? Die wahre Kaffeepassion erfüllt sich hier, aber auch Tee und Scones werden kredenzt. Die köstlichen Kuchen sind allesamt selbst gebacken.

17 **Zwirner's Restaurant** €€, Kaufhausstr. 2, http://zwirners.de, Tel. 07732 1306626, Di.–Sa. 11.30–14 u. 17–24 Uhr. Nichts Aufregendes, dafür bodenständig und schmackhaft, mit einem Touch Cross-over und Exotik. Einige Tische in der Gasse.

34 Bodman ★ [S. 144]

Einst eine Pfahlbausiedlung, die man nur noch erahnen kann, ist Bodman heute ein angenehm dörflicher Ort in schöner Lage am Überlinger See.

Über Bodman gäbe es nicht viel zu sagen, könnte es sich nicht eines der berühmtesten Bewohner der Bodenseeregion rühmen: **Peter Lenk** (s. S. 21). Der Bildhauer ist fast überall präsent, besonders in Konstanz mit dem Lenk-Brunnen 16 und der Imperia 2 – und selbstverständlich auch in Bodman, wo er ein **steinernes Triptychon** schuf, das an der Wand der öffentlichen Toilette beim ehemaligen Zollhauskomplex (heute Sitz des Kulturzentrums) ausgestellt ist. Darauf kommt – sagen wir mal so – keiner gut weg, seien es die Päpste, Dieter Zetsche, Josef Ackermann, Gerhard Schröder, Angela Merkel, Edmund Stoiber oder Günther Oettinger. Das Kunstwerk namens **„Ludwigs Erben"** ist ein Reigen „Mit Gottes Segen und Teufels Beistand". Weitere Werke stehen im nur **von außen zu besichtigenden, privaten Skulpturengarten** des Künstlers. Um anschließend die Wut niederzukämpfen oder eventuelle Lachanfälle abzumildern, sucht man am besten das **Strandbad Bodman** (s. S. 125) auf.

18 **Tourist-Information Bodman,** Seestr. 5, Tel. 07773 930048, www.bodenseepur.de, Mitte April–Mitte Sept. Mo.–Fr. 9–12 u. 14–17 Uhr

› **Anfahrt mit dem Auto:** 30 km nordöstlich von Konstanz, Parkmöglichkeit am Hafen

› **Anfahrt per Bahn und Bus:** Regionalbahn in Richtung Engen bis Radolfzell, Hohenzollerische Landesbahn bis Stahringen, Bus nach Bodman-Kapelle, Fahrtzeit ca. 45 Min.

› **Skulpturengarten Peter Lenk,** Kaiserpfalzstr. 20

043ko-fk

Halbinsel Höri

Irgendetwas müssen die sanften, bewaldeten Hügel der Halbinsel Höri schon an sich haben, sonst hätten sie wohl nicht so viele bedeutende Künstler des 20. Jh. als ihren Wohnsitz auserkoren.

Rund 60 km² misst die Halbinsel zwischen **Radolfzell** 32 und dem schweizerischen **Stein am Rhein** 37, zwischen dem Zellersee im Osten und dem Untersee im Westen und Süden. Sind ihre Flächen nicht von Wald bedeckt, werden sie landwirtschaftlich genutzt. Von hier stammt etwa die **Höri-Bülle** (s. S. 76), die rote Zwiebel, die mit ihrem sanften Geschmack überzeugt. Auf 715 m erhebt sich der **Schiener Berg**, immerhin mehr als 300 m über den See. Die Natur ist vielleicht nicht gänzlich unberührt, aber unter Schutz gestellt. Sogar einige seltene Pflanzen und Tiere leben im gleichnamigen Fauna-Flora-Habitat, das von zahlreichen **Wanderwegen** durchzogen ist. Die Höri ist auch Rückzugsgebiet für viele Vögel – ein perfektes Ziel für Ruhesuchende also. Und ein idealer Wohnort für Künstler.

Den Anfang machte **Hermann Hesse**, der 1904 zivilisationsmüde in die Natur flüchtete. Ihm folgten ein Jahr später der Dichter **Ludwig Finckh** (1876–1964), erst ein Freund Hesses und später strammster Nazi, und der Schweizer Grafiker **Max Bucherer** (1883–1974). Nach 1933 zogen wieder mehrere Künstler auf die Höri, teils in ein freiwilliges, teils in ein erzwungenes Exil – nicht ganz weg vom Dritten Reich, doch immerhin raus aus dem Scheinwerferlicht. Ein Nebeneffekt: Für sie selbst rückten die Verbrechen auch außer Sichtweite. Zu ihnen gehörte der expressionistische Maler **Helmuth Macke** (1891–1936), der Bruder von August Macke. Auch **Otto Dix** suchte auf Höri Zuflucht.

› **Anfahrt:** Mit dem Auto. 35 km westlich von Konstanz, entweder über Radolfzell nördlich um den Untersee herumfahren oder südlich über Stein am Rhein (CH).

Bodenseepanorama vom Haus des Malers Otto Dix 36

Fachwerk am Hesse Museum 35

35 Hesse Museum Gaienhofen ★★ [S. 144]

Nur wenigen Schriftstellern war es vergönnt, die Jugend über Generationen mit ihren Werken zu begeistern. Hesse hat es geschafft – bis hin zu den Blumenkindern der 1960er-Jahre, die seinen „Steppenwolf" zu ihrer Bibel machten.

Der in Calw geborene **Hermann Hesse** (1877–1962) war bereits mit dem Buch „Peter Camenzind" erfolgreich, als er 1904 mit seiner Frau das Gebäude des heutigen Museums zur Miete bezog, ein ehemaliges **Bauernhaus** aus dem 17. Jh. Er wollte aus der Großstadt Basel weg aufs Land in die Ruhe und den Frieden, von denen er (zu Recht!) einen Schub für seine Schaffenskraft erwartete. Auch wenn das Leben hier ausgesprochen einfach war (kein Laden im Dorf, kein fließendes Wasser), er liebte es und schrieb begeistert an seinen Freund Stefan Zweig in Wien.

1905 wurde sein Sohn geboren und Hesse immer erfolgreicher und gefragter. Er arbeitete für Zeitschriften wie den „Simplicissimus" und schrieb an seinem gewaltigen Schreibtisch auf einer in den USA bestellten Maschine, auf die er sehr stolz war, die Werke „Unterm Rad" und „Diesseits". Im Halbdunkel des **Arbeitszimmers** bekommt man einen Eindruck davon.

1907 ließ er schließlich im Ort ein eigenes Haus nach seinen Vorgaben errichten, dessen Garten er auch selbst gestaltete: das **Mia- und Hermann-Hesse-Haus** (s. Infos rechts), in das er noch im selben Jahr einzog. Dort entstanden „Nachbarn", „Gertrud" und „Unterwegs". 1912 verkaufte er das Haus und zog nach Ostermundingen bei Bern.

› Kapellenstr. 8, Gaienhofen, Tel. 07735 440949, www.hesse-museum-gaienhofen.de, Mitte Mai–Okt. Di.–So. 10–17, sonst Fr./Sa. 14–17, So. 10–17 Uhr, Eintritt: 6 €, Kinder 2 €

19 Mia- und Hermann-Hesse-Haus, Hermann-Hesse-Weg 2, www.mia-und-hermann-hesse-haus.de, Führungen März–Okt. an ein bis zwei Sa. im Monat, Garten 12 Uhr, Haus 16 Uhr, je 9 €, Garten bei schönem Wetter ohne Führung Mi.–So. 12–17 Uhr. Das einzige Haus, das Hesse selbst geplant hatte und das er 1907–1912 bewohnte. Danach geriet es in diverse, extrem unglücklich hantierende Hände (es war Altersheim und Pension, Teile des Grundstücks wurden mit Reihenhäusern überbaut), bis man es nach der Jahrtausendwende originalnah restaurierte. Heute ist es ein denkmalgeschütztes Wohnhaus. Garten mit Schautafeln.

044ko-fk

36 Museum Haus Dix ★★ [S. 144]

Der Realismus des Malers und Grafikers Otto Dix schmeckte den Nazis nicht: Seine Werke galten als „entartete Kunst". Er flüchtete nach Höri und wurde nach dem Krieg wieder als einer der bedeutendsten deutschen Gegenwartskünstler anerkannt.

Insbesondere die **Kriegsbilder** von **Otto Dix** (1891–1969) hasste die nationalsozialistische Kunstszene, weil sie das genaue Gegenteil heroischen Soldatenlebens darstellten: Dreck, Blut, zerrissene Gliedmaßen, Leid – „gemalte Wehrsabotage". Dix konnte schließlich nicht mehr ausstellen und zog sich aus der Öffentlichkeit nach **Gaienhofen** zurück. Sein Wohnhaus, das heutige Museum, liegt hübsch an einem Hang von einem steilen Garten umgeben und mit Blick auf den Bodensee. Auch wenn er immer wieder in die DDR nach Dresden reiste (wo er eine Dauerliebschaft und eine Tochter hatte) und dort auch ausstellte, sein Lebenszentrum war Gaienhofen. Das Haus ist so belassen, wie er es bewohnt hatte, mit Wohn-, Musik- Schlaf- und Kinderzimmer (noch mit den ersten Malversuchen seiner Nachkommen) und dem **Atelier.** Seine Bilder, die einmal die Wände schmückten und nun in Museen und Privatsammlungen hängen, sind an exakt denselben Stellen durch Schwarz-Weiß-Kopien ersetzt. Für die **Audioführung** muss man 120 Min. einplanen. Ein **kleines Café** lädt zum Schmökern ein.

› Otto-Dix-Weg 6, Gaienhofen-Hemmenhofen, Tel. 07735 937160, www.kunstmuseum-stuttgart.de (unter „Museum Haus Dix"), April–Okt. Di.–So. 11–18 Uhr, Eintritt: 6 €, Kinder 2 €

Gastronomie

› **Hirschen** €€ (s. S. 128), www.hotelhirschen-bodensee.de/restaurant-bodensee, tgl. 10–1 Uhr. Zum schicken Hotel gehört ein uriges Wirtshaus mit Biergarten, wo Fleisch und Fisch von regionalen Erzeugern die erste Geige spielen. Spezialität sind Ochs' und Wild sowie Bodenseefisch.

20 Heimathafen €€, Schloßstr. 12, Gaienhofen, Tel. 0176 21912321, tgl. 12–22 Uhr. Kiosk und Lounge, ideal zum Abhängen am See, abends bei einem Drink, tagsüber bei Smoothies, Kuchen oder Eis. Ab und an Livemusik.

Einkaufen

21 Hofladen Duventäster-Maier, Dorfstr. 40, Moos, Tel. 07732 4454, www.hoeri-gemuese.de, Di., Fr. 9–18, Do., Sa. 9–14 Uhr. Obst, Gemüse, Brot, Butter, Eier, Marmelade, Essig, Öl, geräucherte Felchen natürlich die Spezialzwiebel Höri-Bülle, frisch oder eingemacht.

› **Lädchen,** im Mia- und Hermann-Hesse-Haus (s. S. 59), Tel. 07735 440653, nach den Führungen geöffnet. Produkte, deren Ingredienzen aus dem Hesse-Garten stammen. Etwas für eingefleischte Hesse-Fans.

045ko-fk

Wohn- und Arbeitsstätte: die Villa von Otto Dix

004ko-fk

Bemalte Fassaden, Fachwerk, Brunnen und Kopfsteinpflaster – in Stein am Rhein geht es idyllisch zu

Ausflug in die Schweiz

Wie immer man auch nach Stein am Rhein fährt, mit dem Auto entlang des Untersees, wahlweise auch über Radolfzell und vorbei an Gnadensee und Zellersee oder mit dem Zug über Kreuzlingen – immer genießt man schöne Ausblicke auf die Natur, die Seen oder den Rhein. Man passiert die Spaliere der Obstbäume und fährt vorbei an den endlosen Reihen der Reben in den Hügeln, sieht bunt gekleidete Vogelscheuchen in den Weinbergen, kommt durch kleine Dörfer und erfreut sich am Anblick eleganter Schlösser.

Der **Grenzübertritt** ist unproblematisch, da die Schweiz dem Schengen-Raum beigetreten ist, allerdings können bei **sporadischen Kontrollen** Wartezeiten entstehen.

37 Stein am Rhein ★★ [S. 144]

Fachwerkpaläste am Ufer des Rheins, hohe Giebel, eine breite Gasse mit Tischen und Stühlen vor den Cafés – Stein am Rhein verströmt eine angenehme Leichtigkeit.

Am endgültigen **Abfluss des Rheins** aus dem Bodensee bzw. dem Untersee präsentiert sich das Städtchen im Glanz vergangener Tage mit herrschaftlichen Giebelhäusern und fein gearbeiteten, bunten Fresken an den Fassaden.

An der strategisch wichtigen Stelle am Seeende hatten sich natürlich schon die **Römer** niedergelassen und um das Jahr 300 ein Kastell errichtet, das den Rheinübergang schützte. Nach dem Verfall im Mittelalter kam erst wieder Bewegung in die Geschichte, als Benediktiner 1007 das **Kloster St. Georgen** gründeten und ein Dorf entstand, das 1267 erstmals schriftlich erwähnt wird. 1357 wurde Stein am Rhein zur Stadt erhoben und 1467 mit der Reichsfreiheit belohnt. 1484 begab man sich unter den Schutzschirm Zürichs und in die **Eidgenossenschaft.** Da die Stadt über eine der wenigen Rheinbrücken verfügte, waren die Händler gezwungen, in Stein Abgaben zu entrichten. Die ortsansässigen Kaufleute scheuten nicht davor zurück, ihren Reichtum zu zeigen – zum Vergnügen heutiger Besucher.

Durch das prächtige **Undertor** (kein Schreibfehler!) gelangt man in die Hauptgasse. Dreht man sich nach dem Durchgehen um, wird klar, warum das Tor auch **Zeitturm** heißt. 1367 errichtet, fiel er 1945 einem Bombardement der US-Amerikaner zum Opfer, wurde aber originalgetreu nachgebaut. Durch den Zeitturm sind im Dreißigjährigen Krieg die Schweden in die Stadt gedrungen und weiter nach Konstanz marschiert. Nach wenigen Schritten wartet linker Hand das sehenswerte **Museum Lindwurm** 38 auf einen Besuch.

Geht man weiter an den herrlichen spätgotischen und barocken Fassaden mit ihrem ausgemauerten Fachwerk, mit Sprossenfenstern und Erkern vorbei, gelangt man zum **Markt-** bzw. **Rathausplatz,** der guten Stube der Stadt. Das Rathaus steht in der Mitte und teilt die Hauptgasse seit 1542 in zwei Nebengassen. Es war nicht nur der Sitzungssaal, sondern auch das Kaufhaus der Stadt, wo die Händler ihre Ware niederlegten, gleich weiterverkauften oder lagerten. Die Fassadenbemalung stammt allerdings – ebenso wie der neogotische Erker – aus dem Jahr 1900.

Unbedingt beachten sollte man das 1418 erstmals erwähnte **Gebäude Weißer Adler** an der nördlichen Seite des Platzes (Oberstadt 1). Seine Fassadenfresken gelten als die ältesten der Schweiz (1520) und zeigen Bilder mit humanistischen Themen im Verständnis der Renaissance sowie Szenen aus Boccaccios „Decamerone".

Seine bunte Bemalung erhielt das **Haus Schwarzes Horn** (15. Jh.) wiederum im beginnenden 20. Jh. Sie zeigt den Einzug des im Gebäude geborenen Freiherrn von Stein in die Stadt im Jahr 1644, als er nach seiner Tätigkeit als Diplomat am Hof des türkischen Sultans in die Heimat zurückkehrte. Zwei Häuser weiter steht der um 1440 errichtete **Gasthof zur Sonne** mit einer ironisierenden Bemalung aus dem Jahr 1900: Kaiser Augustus tritt dem Diogenes in die Sonne.

› **Anfahrt mit dem Auto:** 28 km westlich von Konstanz, Parkplätze an der Nordwestseite der Altstadt
› **Anfahrt per Bahn:** S14 nach Kreuzlingen, dann S8 Richtung Schaffhausen, Fahrtdauer 35 Min.
› **Anfahrt per Schiff:** Untersee- und Rheinschifffahrt, in der Saison mehrere Abfahrten tgl. nach Schaffhausen und über Reichenau nach Konstanz (Fahrtdauer ca. 2 Std., Stein am Rhein – Konstanz ca. 30 €).

ℹ **22 Tourist-Information Stein am Rhein,** Oberstadt 3, Tel. 0041 526324032, www.steinamrhein.ch, Juli/Aug. Mo. 13.30–17, Di.–Sa. 9.30–12 u. 13.30–17 (Sa. bis 16), Sept.–Juni Di.–Fr. 10–12.30 u. 13.30–16, Sa. 10–14 Uhr

38 Museum Lindwurm ★★ [S. 144]

Vom Biedermeierzimmer direkt in den Viehstall: Das Museum ist eine liebevoll gestaltete Erinnerung an die Lebensweise der Bevölkerung von Stein am Rhein um 1850.

Die **vollständig eingerichteten Räume**, Stube, Schlafzimmer und Küchen, Handwerkerräume, Scheunen, Dachböden, die mit geschickter Hand drapierten Möbel und Utensilien, die zeitgemäß gekleideten **Puppen** beim Kochen, Nähen oder Lesen – all dies lässt eine vergangene Welt lebendig werden und gibt Einblick in das Leben

047ko-fk

einer gutbürgerlichen städtischen Familie, die auch einen landwirtschaftlichen Betrieb besaß. Der Besuch ist ein Erlebnis und begeistert auch kleinere **Kinder**, die durch die verwinkelten Gänge und Treppen tappend an jeder Ecke etwas Neues entdecken können.

› Understadt 18, Tel. 0041 527415212, www.museum-lindwurm.ch, März–Okt. Di.–So. 10–17 Uhr, Eintritt: 5 SFr, Kinder frei

Weitere Museen

23 Krippenwelt, Oberstadt 5, Tel. 0041 527210005, www.krippenwelt-ag.ch, Di.–So. 10–17 Uhr, Eintritt: 10 SFr. Im ältesten Haus der Stadt (1302) macht schon die schiere Zahl der Krippen ganz schwindelig. Mindestens 600 Exemplare aus aller Welt sind ganzjährig und im Wechsel zu sehen.

24 Museum Kloster Sankt Georgen, Fischmarkt 3, Tel. 0041 527412142, www.klostersanktgeorgen.ch, April–Okt. Di.–So. 11–17 Uhr, Eintritt: 5 SFr, Kinder frei. Schönes gotisches Kloster romanischen Ursprungs (1007) mit einem zu Beginn des 16. Jh. gestalteten Festsaal mit großflächiger Seccomalerei – der wertvollste Besitz des Klosters und als Werk der Frührenaissance jenseits der Alpen in der Darstellung humanistischer Ideale für jene Zeit einzigartig.

Anschauliches Museum: das Lindwurm in Stein am Rhein 37

Gastronomie

25 Ilge €€€, Rathausplatz 14, Tel. 0041 527412272, www.ilgesteinamrhein.ch, Mi.–So. 10.30–14.30 u. 17.30–22.30 Uhr. Fein essen gehen: In der Hauptgasse mit ihren Fachwerkpalästen gibt es, drinnen oder draußen sitzend, Schweizer Kost in hoher Qualität zu entsprechenden Preisen.

26 La p'tite crêperie €-€€, Understadt 10, Tel. 0041 527415955, So.–Di. 11–19.30, sonst 10–21 Uhr. Für jeden etwas: Crêpes süß oder herzhaft, griechisch oder italienisch gefüllt, mit viel Sahne oder nur mit Obst. Mit Außensitzplätzen.

27 Zum Tiergarten €, Choligass 1, Mo. 11.30–15, Di.–So. 11.30–19.30 Uhr. Schnell und lecker: In der Altstadt wandern Currywurst und die St. Galler Kalbsbratwurst „Olma" über den Tresen – immer ganz frisch, stets ausgesprochen schmackhaft und zu erträglichen Preisen.

39 Napoleonmuseum Schloss Arenenberg ★ [S. 144]

Auf einem Hügel hoch über dem See mit einem fantastischen Blick auf die gegenüberliegende Insel Reichenau hat die Mutter des späteren Kaisers Napoleon III. ihr Exil verbracht.

Hortense de Beauharnais (1783–1837), Stieftochter Napoleons I., musste ebenso wie ihr Ziehvater 1815 ins Exil. Sie kam aber nicht nach Elba, sondern fand nach einem Umweg über Baden 1818 mit ihrem

046ko-fk

Sohn **Charles Louis Napoléon Bonaparte** (1808–1873) in dem um 1540 erbauten Schloss Arenenberg Unterschlupf. Bonaparte verbrachte seine Schulzeit in Augsburg und war wohl nur in den Ferien am Bodensee. Als Schweizer Artillerieoffizier besaß er später sowohl die eidgenössische als auch die französische Staatsbürgerschaft. Dennoch betrieb er die Rückkehr der Bonapartes auf den Kaiserthron und putschte zweimal (1836 und 1840) erfolglos. Die französischen Gerichte verurteilten ihn zu lebenslanger Festungshaft, der er sich durch Flucht entzog. 1848 – in Europa war Revolution – ging Napoleon nach Paris und ließ sich ganz demokratisch zum Präsidenten wählen. 1851 putschte er erneut und siegte – am 2. Dezember 1852 wurde er Kaiser der Franzosen.

Das **Museum** im Schloss zeigt die **Originaleinrichtung**, die Hortense aus Frankreich ins Exil mitgebracht hatte und in der sie bis zu ihrem Tod lebte. Es gibt auch zahlreiche Erinnerungsstücke an ihren Ziehvater, z. B. seinen Schreibtisch. Neben der ständigen Ausstellung finden immer wieder **Sonderausstellungen** statt, die sich aus dem ausgelagerten riesigen Fundus speisen. Das Schloss mit dem umgebenden **Park** hat die Witwe Napoleons III. 1906 dem Kanton Thurgau vermacht, der im selben Jahr das Museum eröffnete.

- Salenstein, Tel. 0041 583457410, www.napoleonmuseum.tg.ch, Mitte April–Okt. tgl., sonst Di.–So. 10–17 Uhr, Eintritt: 15 SFr, Kinder 5 SFr
- **Anfahrt mit dem Auto:** 11 km westlich von Konstanz gegenüber der Reichenau
- **Anfahrt per S-Bahn:** mit der S14 von Konstanz nach Kreuzlingen, von dort mit der S8 Richtung Schaffhausen (45 Min. inkl. 15 Min. Fußweg)

⌃ Hier verbrachte Kaiser Napoleon III. Teile seiner Jugend

⌄ Auch Überlingen besitzt einen historischen Ortskern

Ostufer des Bodensees

Das Ostufer des Sees, dichter besiedelt als die Ufer rund um Bodanrück und Höri, bietet Besuchern mit Überlingen und Meersburg zwei wunderschöne Städte und in Friedrichshafen zwei „Hochtechnologie"-Museen.

Wer mit dem **Auto** kommt, kann den **Überlinger See** entlang der Halbinsel Bodanrück **umrunden** und in Überlingen 40 anhalten. Weitere Stationen sind Meersburg 46 und Friedrichshafen 48. Alternativ nimmt man die **Fähre von Konstanz nach Meersburg** (s. S. 130).

40 Überlingen ★★ [S. 144]

Ein Bilderbuch von einer Stadt mit heiter-hellem Mittelalterflair, mit Strandpromenade, Straßencafés und Besuchern aus alle Welt

Die **drittgrößte Stadt am Bodensee** besitzt dessen längste Seepromenade, das größte spätgotische Münster 41 der Region und mit der Sylvesterkapelle 42 eine der ältesten Kirchen im Südwesten Deutschlands.

In die deutsche Literatur hat Überlingen seinen Weg mit dem hier 1927 geborenenen **Martin Walser** gefunden, dessen Novelle „Ein fliehendes Pferd" in der Stadt spielt. Walser wiederum ist in das Blickfeld von Peter Lenk (s. S. 21) geraten. Lenk hat „ihm zu Ehren" an der Seepromenade eine Skulptur – den „Bodenseereiter" – aufgestellt, die Walser auf einem Pferd zeigt, etwas desorientiert und Schlittschuhe tragend: „damit er nicht ausrutscht auf dem Glatteis der deutschen Geschichte" – eine Anspielung auf Walsers kontroverse Einlassungen zu Auschwitz bei seiner Rede anlässlich der Verleihung des Friedenspreises 1998.

770 erstmals urkundlich erwähnt und 1211 zur Stadt erhoben, hat sich Überlingen bei Weitem nicht so spektakulär in den Geschichtsbüchern festgesetzt wie Konstanz. Ihr Geld machten die Bewohner mit **Weinbau** und **Getreidehandel;** Überlingen war der größte Kornmarkt Süddeutschlands. Als Festung ausgebaut, konnte die Stadt den Schweden im Dreißigjährigen Krieg lange widerstehen, wurde dann jedoch 1643 eingenommen und schwer geplündert.

› **Anfahrt mit dem Auto:** 50 km nordöstlich von Konstanz, Autofähre Staad – Meersburg (25 km)

› **Anfahrt per Bahn:** Regionalbahn bis Radolfzell, Regionalbahn Richtung Friedrichshafen, Fahrtdauer 1 Std.

› **Anfahrt per Bus und Fähre:** Bus 4/13 nach Wallhausen/Hafen, Fähre nach Überlingen/Hafen, Fahrtdauer 1 Std.

ℹ 28 **Tourist-Information Überlingen,** Landungsplatz 3–5, www.ueberlingen-bodensee.de, Tel. 07551 9471522, Juli–Sept. Mo.–Fr. 9–18, Sa. 9–13, So. 10–13, sonst tgl. 9–12.30 u. 14–16.30 Uhr

048ko-fk

41 Münster St. Nikolaus ★★ [S. 144]

Die fünfschiffige Basilika, das Wahrzeichen der Stadt, überragt mit ihrem Nordturm die Umgebung beträchtlich. Im Inneren am bemerkenswertesten: der manieristische Hochaltar im Chor.

Das Münster entstand zwischen 1350 und 1576 in mehreren Schritten, womit Stadtrat und Klerus den Prunk des Kirchenbaus immer wieder der (erfreulichen) Einkommenssituation der Stadt anpassten. 1512 wollte man **dem Ulmer Münster nacheifern** und schuf den heutigen Baukörper. Die Arbeiten am Südturm hatte man 1420 eingestellt und nur den Nordturm 1576 vollendet.

Der 1616 fertiggestellte **Schnitzaltar** von Jörg Zürn aus Überlingen 40 füllt den Chor in ganzer Höhe. 23 lebensgroße und 50 weitere Figuren sind aufs Feinste aus dem Lindenholz herausgearbeitet und teils in biblischen Szenen arrangiert. Zürn und seine Gesellen hatten dafür nur drei Jahre Zeit. Hoch oben, unterhalb des Kruzifixes, findet sich der **Namenspatron** des Münsters: **Nikolaus von Myra.**

› Münsterplatz 1, Tel. 07551 92720, www.muenstergemeinde-ueberlingen.de (unter „Gemeinde entdecken"/„Münstergemeinde St. Nikolaus Überlingen"), tgl. 8–18 Uhr

42 Silvesterkapelle ★ [S. 144]

Karolingische Wandmalereien in einem der ältesten Kirchenbauten Deutschlands

Im Jahr 840 wurde das Kirchlein errichtet und ausgemalt, zu einer Zeit, als auch die Kirche St. Georg 29 auf der Insel Reichenau 28 ihren Innenschmuck erhielt. Reichenauer Mönche übermalten die Fresken im 10. Jh. allerdings. Seit dem 14. Jh. fanden insgesamt viermal Umbauten und Übertünchung statt, weswegen die Fresken relativ schlecht erhalten sind. Dennoch sind Fragmente aus dem 9. Jh. erhalten, darunter Teile einer **Gedichtinschrift** des Reichenauer Abtes Walahfrid Strabo.

› Uferstr., auf Höhe des Killbachs, OT Goldbach, Führungen auf Spendenbasis unter Tel. 07551 937185 vereinbar

43 Städtisches Museum Überlingen ★★ [S. 144]

Ein Märchenschloss hoch über der Stadt: Eines der ältesten kulturhistorischen Museen des Bodensees geht auf das Jahr 1871 zurück.

Im spätgotischen, um 1460 mit einer Renaissancefassade errichteten und mit einem schönen **Terrassengarten** ausgestatteten **Reichlin-von-Meldegg-Haus** fächert die Dauerausstellung die **Regionalgeschichte** von der Jungsteinzeit bis zum Vorabend des Ersten Weltkriegs auf. Nicht nur die Exponate, darunter eine der größten Puppenstubensammlungen Deutschlands, auch die Räumlichkeiten an sich sind eindrucksvoll. Auch wer sich für Hieb- und Stichwaffen des Mittelalters begeistern kann, ist hier richtig. Im **barocken Festsaal** gibt es des Öfteren **Konzerte und Lesungen.**

› Krummebergstr. 30, Tel. 07551 991079, www.museum-ueberlingen.de, Di.–So. 10–19 Uhr, Eintritt 5 €, Kinder 1 €

Gastronomie

29 Eiscafé Veneto €, Seepromenade 15, Tel. 07551 67664, www.veneto-eiscafe.de, Sommer tgl. 9–22, Winter 9–18 Uhr (Betriebsferien Mitte Nov.–Jan.). Eisbecher mit Aussicht: An der längsten Seepromenade des Bodensees schmeckt nicht nur das Spaghetti-Eis hervorragend. Wechselnde Eissorten und Terrasse.

30 **Bürgerbräu** €€, Aufkircher Str. 20, Tel. 07551 92740, www.bb-ueb.de, Mi.–So. 11.30–14, 17–21 Uhr. Das historische Fachwerkhaus beherbergt ein Restaurant mit jungem, kreativem Küchenteam, das neben Fisch und Fleisch auch hervorragend vegetarisch kocht.

31 **SKIDs Bio Bistro** €, Steinhausgasse 2, Tel. 07551 936245, www.skids-bistro.de, Mo.–Fr. 9–16, warme Küche bis 15 Uhr. Günstig und gesund: Beste Biozutaten, schmackhaft zubereitet (u. a. selbst gemachte Nudeln), auch vegetarische Angebote. Projekt für Menschen mit Handicap.

44 Pfahlbau Museum Unteruhldingen ★ [S. 144]

Das Erlebnismuseum des Bodensees mit einer nachempfundenen Pfahlbausiedlung – nicht Weltkulturerbe, aber nahe dran!

Zahlreiche **Pfahlbauten** wurden rund um den Bodensee und in ganz Europa nachgewiesen, 111 haben es auf die Liste der UNESCO für das Welterbe geschafft. Sichtbare Spuren sind allerdings selten, meist sind es nur einige Holzpfähle unter Wasser. Manchmal gelang der Nachweis lediglich durch Kulturschuttfunde, manchmal durch Fotografien, die unterschiedliche Bodenbeschaffenheiten zeigen. Ein Verein wollte dies 1922 ändern und eröffnete ein Museum mit rekonstruierten Pfahlbauten am Bodenseeufer. Seitdem hat man die Ausstellung kontinuierlich erweitert.

Heute gibt es **23 Pfahlbau-Rekonstruktionen,** die man unterschiedlichen Epochen von 4000–850 v. Chr. zuordnet. Im Rahmenprogramm u. a.: **Sondervorführungen, Pfahlbaukino, Steinzeitparcours.**

› **Anfahrt mit dem Auto:** 10 km südöstlich von Überlingen, Parkplatz an der Bodenseestr. 1 km vom Museum

› **Anfahrt per Bus:** Erlebnisbus Nr. 1 April–Okt. 10–17 Uhr stündliche Abfahrt, Bus zwischen Uhldingen (Pfahlbauten) – Schloss Salem 45 – Affenberg, www.erlebnisbus.de, Einzelfahrt 3,10 €

› Strandpromenade 6, Unteruhldingen, Tel. 07556 928900, www.pfahlbauten.de, April–Okt. tgl. 10–18, Winter Sa./So. 10–17.30, Besuche außerhalb der Saison und mit Führung: s. Website, Eintritt: 10 €, Kinder 6 €

45 Kloster und Schloss Salem ★★ [S. 144]

1134 Kloster, 1802 Wohnsitz des Markgrafen und 1920 Internat für Sprösslinge Besserverdienender aus Adel und Wirtschaft

Wer die Anlage von Salem zur Gänze erkunden will, sollte viel Zeit mitbringen. Die **schiere Ausdehnung** des einst größten **Zisterzienserklosters** in Süddeutschland erschlägt die Besucher geradezu. Und wer einen Blick in das Münster wirft, dem stockt ob der Pracht fast der Atem.

Schloss und **Kloster** sind **nur im Rahmen einer Führung zu besichtigen,** das **Klostermuseum** ist aber gesondert zugänglich und zeigt als Zweigstelle des Badischen Landesmuseums die Ausstellung „Meisterwerke der Reichsabtei" mit wertvoller Sakralkunst. Ebenfalls separat zugänglich ist das **Feuerwehrmuseum,** das auf eine zu Beginn des 18. Jh. eingerichtete Feuerwache des Klosters zurückgeht. Spritzen, Fahrzeuge und Modelle dokumentieren 400 Jahre Brandbekämpfung. Außerdem sind zu besuchen: Historische Schmiede, Marstall, Brennereimuseum, Schauweinberg und die alte Weinpresse.

MEIN TIPP

Von Affen und Störchen

Nahe Schloss Salem 45 wartet ein ganz besonderes Erlebnis auf **Familien mit Kindern:** der **Affenberg.** Auf einem eingezäunten Areal von 20 ha Wald leben **über 200 Berberaffen** und sind so an Menschen gewöhnt, dass sie zu den Spazierwegen kommen und sich das vorher bereitgestellte Futter brav und sacht aus den Händen der Besucher greifen. Zudem gibt es einen **Abenteuerspielplatz** und auf den Dächern des Gutshof mit Schenke **20 Storchenpaare.**

★32 **Affenberg Salem,** Mendlishauserhof, Anfahrt s. Pfahlbau Museum Unteruhldingen 44, Tel. 07553 381, www.affenberg-salem.de, Mitte März–Okt. 10–17 Uhr, Eintritt: 9 €, Kinder 6 €

Und dann das **Münster:** 1285–1420 hochgotisch und dreischiffig errichtet, außen karg und ärmlich-streng gestaltet, innen eine Explosion aus Alabaster, Holzschnitzwerk und Stuck – spätgotisch, barock und frühklassizistisch, eine fast wutentbrannte Innenausstattung, die den Betrachter ratlos zurücklässt. Und doch war die letzte – klassizistische – Bauphase wegweisend, hat sie doch der Gotik ihr ursprüngliches Wesen zurückgegeben.

› **Anfahrt:** s. Pfahlbau Museum Unteruhldingen 44

› Schlossbezirk 1, Salem, Tel. 07553 9165336, www.salem.de, Mitte März–Oktober Mo.–Sa. 9.30–18, So. 10.30–18, Klostermuseum auch November–März Sa./So. 11–16.30, Münster tgl. 11–17 Uhr, Eintritt: 9 €, Kinder 4,50 €, mit kleiner Führung (60 Min.) 11 bzw. 5,50 €, mit großer Führung (90 Min.) 13 bzw. 6,50 €

46 Meersburg ★★ [S. 144]

Am steilen Hang über dem Wasser gelegen und mit einer waschechten Ritterburg versehen, ist Meersburg das vielleicht malerischste Städtchen am Bodensee.

Dicht an dicht stehen die **Rebenreihen** an den Hängen und künden vom qualitativ hochwertigen Wein des Staatsweinguts und der Höfe in der Umgebung. Für das 10. Jh. ist bereits eine **Festung** dokumentiert, deren Herren aber unabhängig waren. Erst 1211 kamen Burg und Dorf unter die Fuchtel der **Konstanzer Bischöfe.** Mit Verleihung der Stadtrechte 1299 erhielten die Meersburger wieder das Selbstverwaltungsrecht, dessen sie aber nach einem Aufstand im 15. Jh. erneut verlustig gingen. Als es dem Bischof in Konstanz 1526, also während der Reformation, zu ungemütlich wurde, zog er nach Meersburg, blieb dort und machte es zur neuen **Residenzstadt** des Fürstbistums. Im Dreißigjährigen Krieg plünderten Schweden und Württemberger Meersburg mehrfach. Mit der Säkularisation 1802 fiel die Stadt schließlich an Baden und mehr oder weniger in die Bedeutungslosigkeit. 1872 besann man sich auf die Pfunde, mit denen man wuchern kann: Lage, Licht und Luft. Die Meersburger gründeten ihren Verschönerungsverein und der Tourismus begann.

Unbedingt sehenswert ist das **Burgmuseum** 47 in der Oberstadt, das die gesamte Anlage umfasst. In dessen unmittelbarer Nachbarschaft befindet sich das **Zeppelinmuseum.** Gegenüber der Burg steht das **Neue Schloss,** die Residenz der Fürstbischöfe. Es beherbergt heute u. a. eine Galerie und das Schlossmuseum (s. Liste auf S. 70).

Unten am Wasser kann man **am Ufer promenieren** und den riesigen ehemaligen **Getreidespeicher Gred** (auch Greth) aus dem Jahr 1509 bestaunen. Ebenfalls sehenswert ist der „obligatorische Lenk" – die **„Magische Säule"** des Künstlers **Peter Lenk** (s. S. 21): ganz unüblich ohne aktuelle Bezüge, vielmehr historisch orientiert. Oben an der Spitze thront **Annette von Droste-Hülshoff** (1797–1848) als Möwe. Die Dichterin hatte im Meersburger **Fürstenhäusle** gearbeitet und ist auf der Burg gestorben.

› **Anfahrt:** von Konstanz aus mit der Fähre Staad – Meersburg (25 km), Shuttleservice in kurzen Abständen

ⓘ **33 Tourist-Information Meersburg,** Kirchstr. 4, Tel. 07532 440400, www.meersburg.de, Mai–Mitte Okt. Mo.–Fr. 9–12.30 u. 14–17, Sa. 10–14, So. 10–13, sonst Mo.–Fr. 9–12 u. 14–16.30 Uhr

47 Burgmuseum ★★ [S. 144]

Eine Burg wie aus dem Bilderbuch mit Zugbrücke, dunklen Gewölben und hellen Sälen, mit minnehaften Terrassen und der Wohnung von Annette von Droste-Hülshoff

Stilecht geht es über die Zugbrücke in einen dunklen Gang an uraltem Gemäuer vorbei und an Feldschlangen, die den Zugang sichern. Und natürlich ist es ein Landsknecht, der die Eintrittskarte kontrolliert. Mehr als **35 Räume** sind es, die man bei der Besichtigung durchschreitet, am Ende kann man sich im **Burgcafé** stärken. Zu sehen sind Bad- und Backstube, Rittersaal und Verlies, Folterkammer und Gesindeküche. Alles ist charmant im Stil einer mittelalterlichen Burg möbliert, man steigt hoch und runter über Holzstiegen, gemauerte Wendeltreppen, herrschaftliche Aufgänge und Arme-Sünder-Abgänge.

Für literarisch Interessierte ist natürlich die **Wohnung von Droste-Hülshoff** interessant, in der sie ab 1841 lebte, schrieb und am 24. Mai 1848

Blick von Meersburg: Auf der anderen Seite des Sees liegt Konstanz

050ko-fk

auch starb. In der Saison darf man im Rahmen einer **Führung** auf den ältesten Turm der Stadt – den **Dagobertsturm** – steigen und einen Rundblick wie ein Burgherr genießen.

Die Meersburg ist übrigens die **älteste bewohnte Burg Deutschlands** (hier leben tatsächlich die derzeitigen Besitzer). Der Sage nach soll ihr Ursprung im 7. Jh. liegen, als der Merowinger König Dagobert I. ihren Bau befahl.

› Schlossplatz 10, Tel. 07532 80000, www.burg-meersburg.de, März–Okt. tgl. 10–18 Uhr, Eintritt: 12,80 €, Kinder 8 €, Besichtigung des Dagobertturms nur im Rahmen einer Führung.

Weitere Museen

34 **Fürstenhäusle Meersburg,** Stettener Str. 11, www.fuerstenhaeusle.de, Tel. 07532 6088, März–Sept. tgl. 10–17 Uhr, Okt. nur Mi.–So., Eintritt: 5 €, Kinder 2,50 €. Um 1600 errichtetes Gartenhaus der Fürstbischöfe in den Weinbergen oberhalb von Meersburg, das ab 1843 als Arbeitsplatz von Droste-Hülshoff diente und heute ein Museum zu ihren Ehren ist. Bewohnt hat sie es nie, sie kam nur hierher, um in aller Ruhe zu schreiben.

35 **Neues Schloss Meersburg,** Schlossplatz 12, Tel. 07532 8079410, www.neues-schloss-meersburg.de, April–Okt. tgl. 9.30–18, sonst Sa./So. 12–17 Uhr, Eintritt: 6 €, Kinder 3 €. Fürstbischöfliches Schlossmuseum mit hochherrschaftlichen Prunkräumen. Toller Blick über den See!

36 **Zeppelinmuseum Meersburg,** Schlossplatz 8, Tel. 07532 7909, www.zeppelinmuseum.eu, April–Nov. tgl. 10–18 Uhr, Eintritt: 5 €, Kinder 2 €. Bis auf einige kleine Modelle kann man mitten in der Stadt natürlich keine Zeppeline ausstellen, dafür aber unzählige Bilder, Postkarten, Bauteile und Technik wie Funkgeräte, Höhenmesser und eine komplette Bombenabwurfzentrale. Thematisiert werden Zeppeline als Kriegswaffe, Verkehrsmittel und Wochenendattraktion.

Gastronomie

37 **Am Hafen** €€, Spitalgasse 3/4, Tel. 07532 7069, http://amhafen.eu, Mi.–Mo. 11.30–14.30 u. 17.30–21 Uhr. Klein und familiär: Gasthaus (mit Zimmervermietung) in einer Gasse am Hafen. Außenplätze und rustikale Hausmannskost.

38 **Casala** €€€, Uferpromenade 11, im Hotel Residenz, Tel. 07532 80040, www.hotel-residenz-meersburg.com, Do.–So. 19–20.30 Uhr. Sterne-Küche: Von der Gänseleber bis zum *Loup de mer* gibt es hier klassische französische Kochkunst, variiert mit eigenen Ideen.

39 **Winzerstube zum Becher** €€, Höllgasse 4, beim Neuen Schloss, Tel. 07532 9009, www.winzerstube-zum-becher.de, Öffnungszeiten siehe Website. Badische Weinstube: Familienbetrieb seit Generationen, bodenständige Küche mit Regionalspezialitäten und Bodenseefisch. Gemütliche Ratsherrenatmosphäre.

48 Friedrichshafen ★★ [S. 144]

Die zweitgrößte Stadt am Bodensee wurde wegen ihrer Industrie von den alliierten Bomben im Zweiten Weltkrieg fast ausradiert – und was verblieben war, demontierten die Siegermächte.

Trotz allem hat Friedrichshafen nach dem Krieg seinen Weg gemacht. Heute sind es Namen wie die ZF Zahnradfabrik mit Getrieben, die Fischer-Gießereien oder der Flugmotorenhersteller MTU und natürlich wieder Dornier, die der Stadt erneut zu Ruhm verholfen haben. **Technik-Nostalgiker** wird freuen, dass wieder Zeppeline starten, schließlich hatte Graf Zeppelin hier seine ersten stoffumhüllten Metallgerippe in den Himmel geschickt.

Neben dem **Zeppelin Museum** 49 und dem **Dornier Museum** 50 kann man eines der größten **Schulmuseen** Deutschlands besichtigen und im rekonstruierten **Zeppelin-Schauhaus** die Lebensweise der einfachen Arbeiter nachempfinden (s. Liste auf S. 72).

Eines der nachdrücklichsten Erlebnisse ist jedoch eine **Fahrt mit dem Zeppelin**, ein schwere- und fast lautloses Schweben über dem Bodensee (s. S. 72).

- **Anfahrt mit dem Auto:** Autofähre Staad – Meersburg (25 km)
- **Anfahrt per Bahn:** Regionalbahn bis Radolfzell, dann Regionalbahn bis Friedrichshafen, Fahrtdauer 1–1,5 Std.
- **Anfahrt mit dem Katamaran:** ab Konstanz, Fahrtdauer 55 Min.

40 Tourist-Information Friedrichshafen, Bahnhofplatz 2, Tel. 07541 55444, www.friedrichshafen.de/tourismus, Mai–Sept. Mo.–Fr. 9–18, Sa. 9–13 (keine tel. Beratung), April/Okt. Mo.–Fr. 9–17, Sa. 9–13, Nov.–März Mo.–Do. 9–16, Fr. 9–13 Uhr

49 Zeppelin Museum Friedrichshafen ★★ [S. 144]

Ein Graf, eine Idee, ein Welterfolg – zumindest bis zum 6. Mai 1937, als die LZ 129 „Hindenburg" bei Lakehurst in den USA verbrannte.

Das Museum im eleganten **ehemaligen Bahnhofsgebäude** steht unter dem **Motto „Technik und Kunst"**. Neben der Technik will man den Besuchern auch Kunst nahebringen – vom Mittelalter bis zur Neuzeit. Über 1500 Exponate haben die Kuratoren auf einer Fläche von 4000 m² versammelt. Der Baurat Karl Hagenmayer hatte es als neuen Hafenbahnhof 1929–1933 im **Bauhausstil** errichten lassen. Nach Einstellung der Eisenbahnfähre in die Schweiz 1976 erhielt es eine neue Bestimmung.

Die Sammlung ist die weltgrößte zur Technik der Zeppeline und ihr Prunkstück der **begehbare Nachbau** der Passagierräume der „Hindenburg". Über ein Fallreep geht es hoch in den Gesellschaftsraum und zu den Schlafkabinen.

Die **Kunstausstellung** legt ihren Schwerpunkt auf Künstler aus dem süddeutschen Raum, darunter Werke der Schnitzkunst aus der Ulmer Schule. Weiteres Thema der Ausstellung ist die Rokoko- und Barockmalerei.

- Seestr. 22, Tel. 07541 38010, www.zeppelin-museum.de, Mai–Okt. tgl. 9–17, sonst Di.–So. 10–17 Uhr, Eintritt: 11 € (Sommer 12 €), Kinder 6 € (Sommer 6,50 €)

085ko-fk

Man muss ja nicht gleich in die Luft gehen – Zeppeline sind in Friedrichshafen ein gefragtes Fotomotiv

50 Dornier Museum ★★ [S. 144]

Claude Dornier, im Allgäu geborener Sohn eines Franzosen, war einer der Pioniere für Ganzmetallflugzeuge und die Koryphäe für die Konstruktion von Wasserflugzeugen.

Die früheren **Dornier-Werke** waren in der Luft- und Raumfahrt erfolgreich und sind heute unter dem Firmenschirm der EADS. Das postmoderne Gebäude am **Flughafen** zeigt als Visitenkarte am Eingang das Original einer Do 31, des einzigen je in Deutschland gebauten Senkrechtstarters der Nachkriegszeit, der aber keinen Erfolg hatte. In der Halle sind **zahlreiche Modelle** – unter anderem des weltgrößten je gebauten Wasserflugzeuges, der Do X von 1929 für 160 Passagiere – ausgestellt, aber auch einige **Oldtimer in Originalgröße** zu sehen, wie der Wal, ebenfalls ein Flugboot. Muster dieser Baureihe haben u. a. 1934–1938 den Postverkehr nach Südamerika revolutioniert. Nach dem Krieg entstand die Do 25, ein STOL-Flugzeug (für kurze Start- und Landebahnen), aus der sich später die erfolgreiche Do 27 entwickelte.

› Claude-Dornier-Platz 1, Tel. 07541 4873600, www.dorniermuseum.de, Mai–Okt. tgl. 10–17, sonst Di.–So. 10–17 Uhr, Eintritt: 11,50 €, Kinder 6 €

MEIN TIPP

Per Zeppelin über den See

Fahrt oder Flug? Darüber scheiden sich die Geister. Flug ist eigentlich richtig, da der Zeppelin nicht leichter als Luft ist (anders als ein Ballon, der von alleine aufsteigt und deshalb fährt). Ein Zeppelin hingegen kämpft mit Motoren gegen ein durch Gas auf etwa 400 kg reduziertes Startgewicht an. Wie auch immer, es ist ein herrliches Erlebnis, in die **Gondel** unter der silbernen „Zigarre“ zu steigen, seinen **Fensterplatz** einzunehmen, majestätisch in den Himmel zu steigen und über den See zu gleiten. In die Gondel (mit Toilette!) passen **12–14 Passagiere** plus Pilot und Steward.

● 44 **Deutsche Zeppelin-Reederei,** Messestr. 132, Friedrichshafen, Tel. 07541 59000, http://zeppelin-nt.de, 30 Min. Flug: 260 €

Weitere Museen

41 **Schulmuseum,** Friedrichstr. 14, Tel. 07541 20355610, https://schulmuseum.friedrichshafen.de, Di.–So. 12–17 Uhr, Eintritt: 3,50 €, Kinder 1,50 €. Eines der größten Schulmuseen Deutschlands lässt bei dem einen oder anderen nostalgische Gefühle aufkommen, wenn sie sich in einem der drei historisch möblierten Klassenzimmer in die Schulbank drücken oder die Schulranzen aus schwerem Leder anschauen.

42 **Zeppelin-Schauhaus,** König-Wilhelm-Platz 12, Tel. 07541 382105, Mai–Okt. So. 13–17, Eintritt 5 €. Museum zu den Lebensbedingungen im Zeppelindorf von 1914 bis heute mit authentisch eingerichteten Arbeiterwohnungen.

Gastronomie

43 **s' Wirtshaus am See** €€, Seestr. 18, Tel. 07541 3885989, www.swirtshaus.de, tgl. 10.30–22.30 Uhr. Süddeutsch: bayerisch-schwäbische Küche am See mit großer Terrasse von der Weißwurst bis zum *Obazda,* von der Maultasche bis zum Rostbratwürstle. Gemütlich-rustikal.

KONSTANZ ERLEBEN

054ko-fk

Konstanz für Kunst- und Museumsfreunde

Auch wenn die Zahl der Museen in der Stadt beschränkt ist und sie bis auf zwei eher klein und fein sind, einen Besuch sind sie dennoch wert. Und bei Ausflügen in die Umgebung lassen sich zahlreiche weitere Museen entdecken.

Museums-Highlights in Konstanz sind das **Rosgartenmuseum** 7 mitten in der Altstadt und das **Archäologische Landesmuseum** 23 auf der anderen Seerheinseite. Wer religionsgeschichtlich interessiert ist, sollte das **Hus-Haus** 10 nicht versäumen. Für Faschingsbegeisterte ist das **Fasnachtsmuseum im Rheintorturm** 22 ein Muss.

Auch wenn man die **Insel Mainau** 27 eher als Blumeninsel besucht, ist sie durchaus auch als Kulturlandschaft interessant.

Die Insel **Reichenau** 28 besitzt gleich **fünf Museen**, drei davon sind den wirklich sehenswerten Kirchen (29 – 31) zugeordnet, das vierte im Alten Rathaus erzählt die Bürgergeschichte. Als Fünftes bewahrt die Schatzkammer die Kostbarkeiten des Münsters.

Radolfzell 32 am Schnittpunkt von Bodanrück und Höri wartet mit einem Stadtmuseum, außerdem mit dem Museum der Fasnacht und einer informativen Computerausstellung auf (s. Liste auf S. 57).

Auf der **Halbinsel Höri** gedenkt man in zwei Museen der Protagonisten der Hochkultur im deutschsprachigen Raum: mit dem Hesse Museum Gaienhofen 35 des Schriftstellers Hermann Hesse und mit dem Museum Haus Dix 36 in Hemmenhofen des Malers Otto Dix. An einigen Tagen im Jahr lässt sich zudem das Mia- und Hermann-Hesse-Haus (s. S. 59) besuchen.

Das schweizerische **Stein am Rhein** 37 südlich der Höri lockt mit dem Museum Lindwurm 38, einem Klostermuseum und einer Krippenausstellung. Auf dem Rückweg von Stein am Rhein entlang des Südufers sollte man beim **Napoleonmuseum Schloss Arenenberg** 39 haltmachen, in dem der spätere Napoleon III. des Öfteren seine Mutter besuchte.

Auf der anderen Seite der Halbinsel Bodanrück, in **Bodman** 34, gibt es zwar noch kein Museum, doch im Förderverein ist man guter Dinge, bald eines zu gründen – schließlich gilt es, mit Pfahlbauresten (darunter der Sensationsfund eines Kulthauses) ein Weltkulturerbe zu verwalten.

Nimmt man die Fähre hinüber an das östliche Bodenseeufer, wacht über **Meersburg** 46 die Burg. Gleich nebenan ist das kleine Zeppelinmuseum (nicht mit dem Namensvetter in Friedrichshafen verwechseln!) untergebracht. Fans von Droste-Hülshoff informieren sich im Burgmuseum 47 und im Fürstenhäusle (s. S. 70).

Auf dem Weg nach **Überlingen** 40 passiert man in Unteruhldingen das Pfahlbau Museum 44. In Überlingen sollte man einen Blick in das Städtische Museum 43 werfen.

Fährt man von Meersburg weiter nach Süden, stehen in **Friedrichshafen** 48 zwei Pflichtbesuche für Technikfans an: das Zeppelin Museum 49 und das Dornier Museum 50.

◁ Vorseite: Das geschichtsträchtige Konzilgebäude 1 *am Seeufer*

23 [D1] **Archäologisches Landesmuseum.** Archäologie perfekt aufbereitet und teil-

055ko-fk

weise auch mit einem Augenzwinkern präsentiert (s. S. 43)

5 [D6] **Bodensee-Naturmuseum.** Neben der Entstehung des Bodensees wird hier die Tier- und Pflanzenwelt beleuchtet. Eine aufschlussreiche Ausstellung für Groß und Klein (s. S. 23)!

› **Fasnachtsmuseum im Rheintorturm** 22, www.fasnachtsmuseum-konstanz.de, April–Okt. Fr. 18–22, Sa./So. 14–17 Uhr, Eintritt: 2 €, Kinder 1 €. Die Konstanzer Fasnacht dokumentieren u. a. 40 Kostüme und zahlreiche weitere Exponate, Urkunden und Bilder.

10 [A5] **Hus-Haus.** Ein Museum für den Prediger und Reformator, den die Kirche trotz der Zusicherung freien Geleits (s. Exkurs auf S. 100) verurteilte und in Konstanz verbrannte (s. S. 28).

45 [bj] **Palmenhaus,** Zum Hussenstein 12 (Grenzbachstr.), www.palmenhaus-konstanz.de, Di.–Fr. 9–12.30, Di./Do./Fr. auch 13.30–17, Eintritt frei. Die 1923 im Stadtteil Paradies eingerichtete städtische Gärtnerei erhielt ein repräsentatives Palmenhaus mit einer Vielzahl an exotischen Pflanzen. Der umliegende Park soll irgendwann zum Kulturareal werden.

7 [B5] **Rosgartenmuseum.** 1870 gegründetes Museum zur Geschichte der Stadt und des Bodensees (s. S. 25)

46 [dk] **Seemuseum,** Seeweg 3, Kreuzlingen (CH), 20–30 Min. zu Fuß vom Bhf. Konstanz an Hafen und Seeufer entlang, Tel. 0041 716885242, www.seemuseum.ch, Juli–Sept. Di.–So. 11–17, sonst Mi., Sa., So. 14–17 Uhr, Eintritt: 8 SFr, Kinder 5 SFr. Geschichte und Geschichten zur Schifffahrt und Fischerei auf dem Bodensee.

18 [B3] **Städtische Wessenberg-Galerie.** Kunst des 19. und 20. Jh. aus Südwestdeutschland und dem Bodenseeraum bildet den Schwerpunkt der Galerie des Kulturzentrums. Stimmungsvoll sind die wechselnden Ausstellungen im mittelalterlichen Gewölbekeller (s. S. 37).

Kostbare Ausstellungsstücke im Rosgartenmuseum 7

Konstanz für Genießer

Zahlreich sind die Restaurants und Kneipen in und um Konstanz, schließlich ist man eine Ferienregion und auch der Badener ist dem Genuss von Speis und Trank keinesfalls abgeneigt. Dass außerdem noch die Schweizer (nicht nur wegen der für sie günstigen Preise) dazustoßen, trägt das Seine dazu bei. An der Schnittstelle von Baden und Schwaben, vom Schweizer Kanton Thurgau und dem österreichischen Vorarlberg profitieren die Konstanzer vom Besten, was diese Länder produzieren – und von einer langen Tradition Badener Kochkunst.

Aus den Wäldern kommt das **Wild** (u. a. vom Höhenrücken auf der Halbinsel Höri, dem Schiener Berg), aus dem See kommen die **Felchen und Kretzer** (s. S. 77) und das **Gemüse** liefert schon ganz früh im Jahr die nahe Insel Reichenau 28. Und auf der Höri gedeiht ein ganz besonderes Gewächs, die **Höri-Bülle:** Rot und etwas flachbauchig schmeckt die Zwiebel fast süßlich und entbehrt jeder Schärfe. Sie ist ideal für Chutneys, Marmeladen und als Salatingredienz – zu kaufen ist sie z. B. im **Hofladen Duventäster-Maier** in Moos (s. S. 60).

Wer dem **Rebensaft** zugetan ist, findet einige der besten Lagen Deutschlands in den Weinbergen der unmittelbaren Umgebung. Und die endlosen Spaliere der Bäume künden von der wirtschaftlichen Bedeutung des **Obstes** in der Region: Als Saft, aber auch zu Hochprozentigem vergoren, gelangt es in den Handel und in die Lokale.

Der Bodensee ist eine **Genussregion par excellence,** auf Augenhöhe mit dem Elsass und der Toskana. Wer will, kann sich von Sterneküche zu Sterneküche hangeln, aber auch für die handfeste traditionelle Kochkunst bleibt genug Raum. Natürlich hat auch die Moderne Einzug gehalten: Hamburger- oder Dönerbuden bieten ihre konfektionierten Gerichte an, der Chinese um die Ecke ist ebenso vertreten wie die Pizzeria oder das Sushi-Lokal.

Doch die eigentliche **Badener Küche** spielt immer noch die Hauptrolle, im feinen Speiselokal oder „nur" in der Kneipe, bei einem *Viertele* oder *Achtele* und der Konstanzer Brotspezialität, der **Seele,** die – teils mit Käse und Schinken überbacken, mit grobem Salz und Kümmel gewürzt – süffigen Wein hervorragend begleitet. Natürlich gibt es das einfache,

056ko-fk

längliche Hefebrot in ganz Schwaben, aber – so meinen die Einheimischen – nur in Konstanz ist die Seele ein wirklich unvergleichlicher Genuss. Probieren kann man sie u.a. in der **Weinstube Fritz** (s.S.83). Durch und durch badisch ist zudem das „seelen"-verwandte **Dünnele**, ein Flammkuchen bzw. die „Pizza des Bodensees", die man mediterran mit Tomaten und Käse bestellt, wie eh und je mit Speck und Zwiebeln oder ausnahmsweise auch mal mit Schinken und Ananas. Auch Dünnele passen hervorragend zum Wein: am besten selbst probieren, z.B. im Traditionslokal **Zum guten Hirten** (s.S.84)!

Wo es Reben gibt, gibt es auch **Weinbergschnecken**, hier gemeinhin bekannt als **„Schwäbische Austern"**. Vielleicht stehen sie ja deshalb auf vielen Speisekarten. Sie kommen aber keinesfalls von den Weinbergen, da sie dort streng geschützt sind. Was im Pfännchen voller Butter und Knoblauch auf den Tischen der Gaststätten landet, stammt aus Zuchten. In Ulrich von Richentals „Chronik des Konstanzer Konzils" (um 1420) sind sie übrigens auf einem Bild auf der Theke zu sehen – schon damals galten sie also als Leckerbissen.

Aus der Konstanzer Spezialitätenküche stammt ferner die **Mainauer Rostbratwurst**, die etwas gröber als eine Kalbsbratwurst, aber feiner als eine Thüringer ist, obwohl sie kräftiger gewürzt ist als Letztere. Am besten schmeckt sie natürlich frisch vom Rost auf der Insel Mainau 27, aber auch in Konstanz bei der Metzgerei **Otto Müller** (s.S.82) ist sie überaus lecker.

Die Bodenseeufer sind Rebenland

Und dann die **Felchen!** Der forellenähnliche Lachsfisch hat nicht nur ein festes, wohlschmeckendes Fleisch, er ist auch noch nahezu frei von Gräten. Als Sandfelche im Obersee oder als Blaufelche im Überlinger See geht der Brotfisch des Schwäbischen Meeres den Fischern in die Netze. Gegart, gegrillt, geräuchert oder mariniert kommt er auf die Teller. Schmackhaft ist außerdem Flussbarsch, der am Bodensee **Kretzer** heißt (zum Beispiel im Teigmantel), **Hecht** (als Klößchen in Dillsoße) oder **Saibling** (mit Kräuterbutter oder, fast noch besser, geräuchert zwischen zwei Brötchenhälften). Fischbrötchen in diversen Ausführungen gibt es etwa im **Fischhaus am Fährehafen** (s.S.81).

Restaurants

47 [B2] **Brauhaus Joh. Albrecht** €€, Konradigasse 2, Tel. 07531 25045, www.brauhaus-joh-albrecht.de, tgl. 11.30–1 Uhr. Bier ist Trumpf: Gemütlich mit viel Holz zwischen den Sudkesseln der Manufakturbrauerei (einer aus Kupfer, einer aus Messing), gibt es hier bodenständiges Essen und dazu eine Spezialität als Resteverwertung: Brot aus der Maische (Treber), saftig und kräftig.

48 [B4] **Dischinger** €€, Untere Laube 49, Tel. 07531 282666, www.dischinger-kn.de, Mi.–So. 11.30–14.30 u. 17.30–22 Uhr. Gutbürgerliches Speisen: Nichts Außergewöhnliches, eine Karte mit Fisch und Fleisch mit den Standards der badischen Kochkunst. Unaufdringlich-gediegenes Ambiente.

49 [C3] **DOM** €-€€, Brückengasse 1, Tel. 07531 3611559, www.dom-konstanz.de, Mi.–So. 17–22 Uhr. Fleisch auf Freisitz: Zwar gibt es auch Veggie-Burger und natürlich Salate, der Schwerpunkt liegt aber auf Fleisch als Burger oder vom Lavastein. Schöner, raumfüllen-

der Außenbereich auf dem Platz vor der säkularisierten St.-Johann-Kirche.

50 [B6] **Goldener Sternen** €€, Bodanplatz 1, Tel. 07531 25228, www.goldener-sternen-konstanz.de, Di.–So. 11.30–14.30 u. 18–21.30 Uhr. Best of Sixties: Gutbürgerliche Bodenseeküche im gemütlichen Ambiente eines 60er-Jahre-Wohnzimmers.

› **Le Marrakech** €€€, im Hotel Halm (s. S. 128), www.hotel-halm.de (unter „Gastronomie"), Di.–Sa. 18–22 Uhr. Marokko am See: Der Maurische Saal ist für sich schon eine Sensation und in diesem Ambiente exzellente, original marokkanische Küche zu genießen, ist wirklich ein Erlebnis! Für weniger Experimentierfreudige gibt es auch internationale Spezialitäten.

51 [di] **Ophelia** €€€€, Seestr. 25, Tel. 07531 363090, www.restaurant-ophelia.de, Do.–Mo. 19–23 Uhr. Das Flaggschiff: Zwei Michelin-Sterne sprechen für sich. Französisch-internationale Küche und elegante Atmosphäre, mit weit über 100 €/Pers. ist zu rechnen.

52 [B6] **Papageno** €€€, Gottlieberstr. 64, Tel. 07531 368660, www.restaurant-papageno.net, Mi.–So. 18–22, Fr.–So. auch 12–14 Uhr. Feines Speisen: Glänzende Küche, zu für die gebotene Qualität erschwinglichen Preisen, angenehmes Ambiente zwischen elegant und entspannt – auch für das Mittagsmenü empfehlenswert.

› **Patronentasche** €€, im Konzilgebäude **1**, Tel. 07531 21221, www.konzil-konstanz.de (unter „Restaurant"), Mo.–Sa. 10–19 Uhr. Geschichtslastig: Hier kann man Fisch- und Fleischspeisen schlemmen, drinnen oder draußen auf der Seeterrasse – ein Muss für Liebhaber der badischen Küche, Nostalgiker und Papisten. Außerdem: Gerichte nach Rezepten von Hildegard von Bingen.

53 [C4] **Sedir** €€, Hofhalde 11, www.cafe-restaurant-sedir.de, Tel. 07531

Preiskategorien

Preis für ein 2-Gänge-Menü ohne Getränke:

€	bis 22 €
€€	22–45 €
€€€	ab 45 €

Urig: das Brauhaus Joh. Albrecht (s. S. 77) in der Konstanzer Altstadt

29352, tgl. 11.30–1 Uhr. Gute türkisch-afghanische Küche mit vielen vegetarischen Gerichten, gemütlicher Speiseraum, hübscher Freisitz und zugleich auch Café im Herzen der Altstadt.

- **54** [aj] **Seerhein-Schenke Kuhorn** €€, Konstanzerstr. 115 a, Tägerwilen (CH), westl. von Konstanz, ca. 1 km nach der Grenze, Tel. 0041 791727474, So. 9–21, Di./Mi. 15–21 Uhr. Biergarten am See: Schweizer Kost in urig-gediegenem Alpenambiente.
- › **Weinstube** €€€, im Barbarossa (s. S. 128), www.hotelbarbarossa.de/Speisen/Weinstube, Di.–Sa. Mai–Sept. 18–21.30, sonst 12–14 u. 18–21.30 Uhr. Ratsherrenschick mit Bleiverglasung und Kupferstichen: Eröffnung zum Ende des Konstanzer Konzils als Wirtschaft mit Tanzboden, heute Restaurant des Hotels Barbarossa mit einer auf ein internationales Publikum ausgerichteten Küche. Große Terrasse.
- › **Wessenberg** €€, im Kulturzentrum 18, Tel. 07531 919664, www.wessenberg.eu, Mo.–Fr. 11–23, Sa. 10–1, So. bis 22.30 Uhr. Garten und Kultur: Der großzügige Innenhof des Kulturzentrums am Münsterplatz ist fast immer gut besucht. Das Lokal überzeugt mit gutem Essen und effizientem Personal. Sehen und gesehen werden!
- **55** [ch] **Wohnzimmer** €, Schneckenburgstr. 11, Tel. 07531 1274268, www.facebook.com/imwohnzimmer, Fr.–Mo. 18–22 Uhr. Burger, Cocktails, gemütliche Couchen, ein chilliger Außenbereich und zu späterer Stunde mit House-DJ – das Wohnzimmer der jungen Generation. Fazit: plüschig-schummrig mit Techno-Beats!
- **56 Zum Besmer** €€, Besmerstr. 49, Kreuzlingen (CH), südöstlich von Konstanz, ca. 2,5 km hinter der Grenze, Tel. 0041 716881810, So.–Fr. 8–24 Uhr. Schön rustikal: Das Gasthaus mit Biergarten ist vor allem bei den Konstanzer Studenten beliebt. Es gibt ein preiswertes Mittagsmenü und die Einrichtung ist wunderbar retro.

Cafés, Kaffeehäuser und Eisdielen

- › **Café Arôme** €, in der Parfümerie Gradmann (s. S. 89), Mo.–Fr. 9.30–19, Sa. 9.30–18 Uhr. Parfüm und Kaffee: Der gänzlich unerwartete, feine Garten verbirgt sich hinter den Verkaufsräumen des Geschäfts.
- › **Café Blende 8** in der Leica Galerie Konstanz (s. S. 89)
- **57** [B4] **Das Voglhaus** €€, Wessenbergstr. 8, Tel. 07531 9189520, www.das-voglhaus.de, Mo.–Sa. 8–19, So. 9–18

059ko-fk

› *„Seelen“ passen hervorragend zu einem süffigen Weißwein*

Meine Tipps

Essen mit Aussicht

58 [fg] **Hohenegg** €€, Hoheneggstr. 45, Staad, Tel. 07531 33530, www.restaurant-hohenegg.de, tgl. 11–22 Uhr. Brauereigaststätte: Nördlich vom Fährhafen reicht der Blick weit über den See, dazu gibt es Ruppaner Bier von der Brauerei nebenan. Gut für eine Brotzeit.

59 [ci] **Holly's** €€, Reichenaustr. 19 a, Tel. 07531 1273116, http://hollys.de, Mi.–Fr. 12–22, Sa./So. 10–22 Uhr. Tolle Terrasse am Rheinufer. Wer auf Eklektizismus steht, ist hier richtig. Blechdach aus Delhi, Decke aus Kuala Lumpur, Türen aus Bayern; Arrabiata, Burger, Currysuppe – alles ist bunt gemischt, ebenso wie das Publikum.

› **Seerestaurant** €€€, im Steigenberger Inselhotel (s. S. 129), tgl. 12–17.30 u. 19–21 Uhr. Luxuriöse Küche auf einer tollen Seeterrasse abseits von Autoverkehr und Besucherströmen.

Für den späten Hunger

60 [B4] **Antik Café** €, Hussenstr. 3, Tel. 07531 9768346, So.–Do. 10–23, Fr./Sa. bis 24 Uhr. Im Parterre der Imbiss, in der ersten Etage ein einfacher, sauberer, freundlicher Gastraum. Pizza, Pasta, Pide, Suppen, Salate und Döner zu günstigen Preisen bis 23 Uhr.

061ko-fk

61 [C5] **Brasserie Ignaz** €€, Bahnhofplatz 6, www.brasserie-ignaz.de, Tel. 07531 2827788, tgl. 9–24, So. ab 10 Uhr. Immerhin bis 22.30 Uhr gibt es unter der Woche warmes Essen und Fr./Sa. sogar bis 23 Uhr. Klassiker wie Quiche Lorraine, serviert werden aber auch Burger: mit Rind, Huhn, Pulled Pork oder vegan.

62 [C5] **Shamrock Irish Pub** €€, Bahnhofstr. 4, Tel. 07531 24622, www.shamrock-konstanz.de, tgl. 17–1 Uhr. Freunde unter sich: Pub mit Karaoke, Partys und Fußballübertragung, immer gute Stimmung und Essen bis 23 Uhr.

Dinner for one

› **Rambagh Palace** €€, dasselbe Gebäude wie DOM (s. S. 77), www.rambagh-palace.de, Tel. 07531 25458, Di.–So. 11.30–14 u. 17–22 Uhr. Von Gotik gerahmt: In der ehemaligen Stiftskirche St. Johann gibt es in der ersten Etage drei kleine Tischchen am Fenster mit Blick über den Platz, dazu ayurvedische Küche – perfekt, wenn man alleine is(s)t.

Lecker vegetarisch und vegan

63 [C4] **Eugens Bio Café Restaurant** €€, Münzgasse 1, Tel. 07531 9768689, www.eugens.bio, Mo.–Sa. 9.30–21 So. 12.30–18 Uhr. Für jeden etwas: Hier ist alles bio, fairtrade bzw. regional. Die Fisch- und Fleischgerichte schmecken ebenso wie die vegetarischen und veganen Platten.

64 [C3] **Kervan** €-€€, Wessenbergstr. 35, Tel. 07531 2820239, www.kervan-bodensee.de, tgl. 11-21 Uhr. Döner, Kebab, Gyros, Pizza, alles vegan oder zumindest vegetarisch. Ein sympathischer Imbiss im Zentrum.

65 [ci] **SOL Caffebar Vegifood** €€, Ebertplatz 4, Tel. 07531 9364990,

http://sol-konstanz.de, tgl. 11.30–21 Uhr. Nie und nimmer Fleisch: Nur in den Kaffee kommt auf Wunsch Kuhmilch, ansonsten gibt es hier allerlei einfalls- und abwechslungsreiche vegane Gerichte – und das Ganze auch noch 100 % bio. Angenehme, aufgeräumte Stimmung.

Frühstücken

69 [B3] **Café Bloggers** €€, St.-Stephans-Platz 25, Tel. 07531 3028821, www.bloggers-kn.de, Di.–Fr. 10–16, Sa. ab 9.30, So. bis 15 Uhr. Schickes Ambiente und angesagter Brunch mit Bowls, Superfood, aber auch ganz Alltäglichem wie „Arme Ritter". Gemütlicher Biergarten.

70 [di] **Café Français** €, Theodor-Heuss-Str. 34, Tel. 07531 57640, http://cafe-francais.de, Mo.–Fr. 7–13.30, Sa. 7–12.30 Uhr. Für Eilige: Ein Kaffee im Stehen und dazu ein Croissant – pur oder belegt, ganz nach Geschmack. Ideal für das schnelle Frühstück.

71 [C4] **Pano Brot & Kaffee** €, Marktstätte 6, Tel. 07531 3652555, www.pano.coop, Mo.–Fr. 7.30–19, Sa./So. 9–19 Uhr. Pano („Brot" auf Esperanto) ist eine Cafékette mit Selbstbedienung. Das Frühstück ist lecker und gesund, die Atmosphäre leger und trendig.

72 [A2] **Stadtkind** €, Brauneggerstr. 31, www.stadtkind-konstanz.de, Mo./Do./Fr. 9.30–17, Sa./So. 8–17 Uhr. Vielleicht *die* Adresse fürs wirklich gemütliche Frühstück. Backladen mit Café, viele Studenten, zahllose Variationen, superfrisch und echt toll. Kredenzt werden z. B. belegte Semmeln, heiße Panini, Smoothies, Salate, Müsli und Kuchen.

Ob Frühstück oder Mittagspause: Im Pano speist man gut

Uhr. Entweder sitzt man an langen Tafeln oder an Bistrotischen drinnen oder draußen. Für die Bestellung geht man immer an die Theke, warmes Essen wird aber zum Tisch gebracht. Hochgelobt für Kaffee, Tee und Kuchen, aber auch Suppen und andere herzhafte Speisen. Am Schluss: Geschenke einkaufen und dem Vogelgezwitscher auf der legendären Toilette lauschen.

› **Museumscafé** €, im Rosgartenmuseum 7, Tel. 07531 900861, Di.–Fr. 10–17.30, Sa./So. 10–16.30 Uhr. Im Innenhof mit Mittelaltertouch gibt es Kaffee und Kuchen sowie kleine Gerichte. Eine Oase der Ruhe.

66 [B3] **No. elf** €, Gerichtsgasse 11, Tel. 07531 9174637, www.no-elf.de, Mo.–Sa. 11–17 Uhr. Schnuckeliges Café in Pastellfarben: Ein Puppenstubenhäuschen mitten in der Stadt mit guter Barista-Kaffeekunst und Kuchen, aber auch Wein. Einige Außenplätze in der Gasse.

› **Osiander-Café** €, in der Buchhandlung Osiander (s. S. 88), Mo.–Sa. 9.30–19 Uhr. Lesen und genießen: Erst in den Laden und Lesestoff besorgen, dann hinten im Garten Kaffee und Kuchen oder ein Mittagsgericht bestellen – eine Ruheoase im Chinoiserie-Stil.

67 [B4] **Zandanel** €, Wessenbergstr. 6, Tel. 07531 8915591, tgl. 11–22 Uhr. Kleines Geschäft mit großer Eisauswahl und hervorragenden Sorten, aber nur wenigen Sitzplätzen – kein Konstanzer, der sich hier nicht seine Kugel holt.

Schnell und günstig

68 [fh] **Fischhaus am Fährehafen** €-€€, William-Graf-Platz 4–6, Staad, Tel. 07531 8076961, www.fischhaus-konstanz.de, Fischhandlung Di.–Sa. 9–17.30, warme Küche Di.–Sa. 11–18 Uhr, im Sommer auch Mo. geöffnet. Fisch satt: als belegte Semmeln und

Raucher willkommen

Das Rauchergesetz Baden-Württembergs verbietet das Rauchen in Gaststätten. Unter bestimmen Umständen sind allerdings Ausnahmen erlaubt. Gaststätten mit weniger als 75 m², die über keinen abtrennbaren Nebenraum verfügen, dürfen ihren Gästen das Rauchen erlauben, sofern sichergestellt ist, dass keine Personen unter 18 Jahren Zutritt haben. Diskotheken können generell das Rauchen erlauben, wenn nur über 18-Jährige Zugang bekommen. Willkommen sind Raucher hier:

80 [bh] **Kolbenfresser** €, Fürstenbergstr. 127, Tel. 07531 80241180, www.kolbenfresser-konstanz.de, Di.–Do. 16–1, Fr. 16–3, Sa. 14–3, So. 14–1 Uhr. Rockmusik und Biker, Studenten und Freaks – und Passivraucher, die sich den Zigarettenkauf ersparen. Wem es zu heftig wird: im angeschlossenen Biergarten nach Luft schnappen!

Suppen, fangfrisch oder geräuchert, eingelegt, gegrillt und gedünstet.

73 [bi] **Kantine** €, Oberlohnstr. 3, Tel. 07531 3645991, www.kantine-kn.de, Mo.–Fr. 11.30–14 Uhr. Ehemalige Fabrikkantine für ein günstiges und gutes Mittagessen. Abends wird sie zum Klub.

74 [B3] **NamNam Club** €, Katzgasse 8, Tel. 07531 1228006, https://namnam.club, Di.–So. 18–22 Uhr. Gegründet von zwei bekannten Gastronomen als Lieferdienst in Corona-Zeiten, hat sich der „Club“ als Takeaway mit leckeren Burgern, Bowls und Salaten einen Namen gemacht. Die Gerichte gibt's im Glasbehälter (Pfand), auch Getränke sind im Angebot.

75 [B5] **Otto Müller Fleisch- und Wurstwaren** €, Rosgartenstr. 20, Tel. 07531 593711, www.otto-mueller.de, Mo.–Fr.

Gastro- und Nightlife-Areale

Bläulich hervorgehobene Bereiche in den Karten kennzeichnen Gebiete mit einem dichten Angebot an Restaurants, Bars, Klubs, Discos etc.

8–19, Sa. 8–18 Uhr. Imbiss mit Tradition: Metzgerei mit großem Angebot und günstigen Mittagsgerichten, mit Sitzgelegenheit drinnen und draußen. Es gibt mehrere Filialen, aber hier im Stammhaus ist es am schönsten – immer im Angebot natürlich die Mainauer Rostbratwurst.

76 [C5] **Suppengrün** €, Sigismundstr. 19, Tel. 07531 917100, www.suppengruen.biz, Mo.–Sa. 11–16 Uhr. Suppe bis zum Abwinken: Ausgezeichnete Suppenbar mit Selbstbedienung, Tische drinnen und draußen, nichts zum Festwachsen, dafür schnell und schmackhaft. Mit großer Salattheke.

Kantinen und Mensen

77 [C1] **Kantine Landratsamt** €, Benediktinerplatz 1, Tel. 07531 8001542, Mo.–Fr. 8–14.30 Uhr. Fleischteller und vegetarische Gerichte in unverfälschter Kantinenatmosphäre mit Beamten und Rentnern.

78 [A1] **Mensa HTWG** €, Alfred-Wachtel-Str. 28, Tel. 07531 9782333, www.seezeit.com (unter „Essen“), Mo.–Do. 7.30–16, Fr. bis 14 Uhr. Mensa der Hochschule für Technik, Wirtschaft und Gestaltung. Reingehen, Tablett füllen und zahlen. Auch für Gäste (ohne Studentenausweis) günstig.

79 [dg] **Mensa Gießberg** €, Universitätsstr. 10, Tel. 07531 9782320, www.seezeit.com (unter „Essen“), Mo.–Fr. 9–14.30 Uhr. Hier fährt man weniger wegen des Essens hin als wegen der grandiosen Aussicht auf den Bodensee.

Konstanz am Abend

Wenngleich Gäste der Stadt die **Weinstuben** eher abends aufsuchen (tagsüber sind sie ja mit Sightseeing beschäftigt), zieht der Konstanzer die zeitliche Reduzierung eines Besuches auf die späteren Stunden ehrlich in Zweifel – weshalb einige Weinstuben auch schon vormittags ihre Pforten öffnen. Schließlich ist die Weinstube ein Treffpunkt für die Nachbarschaft, die das Neueste austauscht und das Letzte bespricht. Und könnte man dies besser als bei einem *Viertele?*

Und wem das zu, naja, traditionell ist: Konstanz hat auch für Jüngere so allerlei zu bieten. **Kellerbars, Klubs, Biergärten** und – weil man ja am See ist – natürlich die **Strandlounges**, in denen man, bequem gebettet, der späten Stunde entgegen chillt.

Wem der Sinn nach mehr Kultur steht: Kaum eine Stadt dieser Größe hat ein derart vielfältiges und ausgeprägtes **Theaterleben**, von der jungen Experimentalbühne bis zum etablierten Stadttheater (19).

Weinstuben

81 [B2] **Hintertürle** €€, Konradigasse 3, Tel. 07531 23953, www.hintertürle.de, Mo.–Do. 18–24, Fr./Sa. 18–1 Uhr. Wie anno dazumal: Es würde nicht verwundern, wenn plötzlich die Tür aufginge und eine Renaissance-Gesellschaft den Gastraum beträte. Grober Kalkputz, gemütliches Holz, Kachelofen. Übersichtliche Speisekarte und gute Weinauswahl.

057ko-fk

Verkostung und Verkauf edler Tropfen im Weinkeller Fritz

82 [C2] **Weinkeller Fritz** €, Niederburggasse 7, Tel. 07531 21367, www.weinhandlung-fritz.de, Mo./Di. 10–13 u. 15–18.30, Do./Fr. 10–13 u. 16–23.30, Sa. 10–13 Uhr. Im Weinkeller lädt das mittelalterliche Gewölbe zu einer gemütlichen Weinverkostung mit edlen Tropfen der Region und aus aller Welt ein. Regelmäßig finden Weinproben zu bestimmten Themen statt. Angeschlossen sind die Weinhandlung Fritz (s. S. 87) und die Weinstube.

› **Weinstube Fritz,** im selben Gebäude wie Weinkeller Fritz, 1. OG, Tel. 07531 29747, Do.–Di. 17–24, Mi. 10–14 u. 17–24 Uhr. Hier sind die Tische blank von den Ellbogen der Gäste. Im Kreis sitzen Einheimische und Touristen und genießen den Wein und Spezialitäten wie die *Seele* – nirgendwo sonst soll sie so lecker sein! Man blickt zurück auf eine ruhmreiche Vergangenheit: Früher hieß die Kneipe Zur Mugge und Wirtin Erika Fritz war mit dem Satz „Mit Achtele ist der Weg zur Hölle gepflastert“ stilprägend.

83 [B4] **Weinstube zum Küfer Fritz (Pfohl)** €€, Salmannsweilergasse 9–11, Tel. 7531 2820656, Mo.–Sa. 11–24 Uhr. Die älteste Weinstube der Stadt, von den Einheimischen einfach „Pfohl“ genannt, drückt sich mit wenigen Tischen draußen in die enge Gasse. Drinnen erinnern nur noch die Gewölbe an das lange Bestehen. Trotzdem: Die Konstanzer lieben ihren „Pfohl“ – Tradition geht eben über alles. Serviert werden auch Kleinigkeiten zum Essen, unter anderem natürlich *Seelen.*

84 [C4] **Zum guten Hirten** €€, Zollernstr. 6–8, Tel. 07531 284318, www.weinstube-zum-guten-hirten.de, Mo.–Sa. 16–24 Uhr. Gemütliches *Viertele:* Ein weiteres Traditionslokal mit großer Wein- und kleiner Speisekarte *(Dünnele!).*

Bars, Lounges, Pubs

85 [B2] **Heimat Bar** €, Schreibergasse 2, Tel. 07531 23355, www.heimatbar.de, Mo.–Do. 18–1, Fr./Sa. 19.30–3, So. 19.30–1 Uhr. Kellerbar: Junges Publikum und Studenten, gut fürs Feierabendbier oder zu späterer Stunde (und für Raucher Tische in der Gasse).

86 [A5] **Klimperkasten** €, Bodanstr. 40, Tel. 07531 23408, Mi./Do. 19–1, Fr./Sa. 19.30–3 Uhr. Günstige Bierpreise sorgen dafür, dass Studenten die Kneipe zu ihrem zweiten Wohnzimmer machen. Gute Musik.

87 [A1] **Strandbar** €€, Webersteig 12, www.strandbar-konstanz.de, April–Juli bei schönem Wetter tgl. 12–24, Aug. 14–24, Sept./Okt. Mi.–So. 14–19 Uhr. Sommer, Sonne, Strand: Sand am Flussufer, Liegestühle und coole Drinks. Der perfekte Platz zum Chillen, Ausspannen und Dösen.

88 [C4] **Zum Salzbüchsle** €€, Salmannsweilergasse 26, Tel. 07531 368582, www.zumsalzbuechsle.de, Di.–Sa. ab 19 Uhr. In der selbsternannten Konstanzer Kultkneipe trifft man auf Stammgäste, die dort schon seit gefühlten 100 Jahren sitzen – und auf Jungvolk, das spätabends noch auf einen preiswerten Absacker einkehrt.

Discos und Klubs

89 [bi] **Berry's** €, Reichenaustr. 204, Tel. 07531 9411027, www.berrys-konstanz.de, Mo./Fr./Sa. 22–5 Uhr. Studenten-Disco mit dem Schwerpunkt Black Music, House und Charts, ab und an auch Ü30-Parties.

90 [bh] **Contrast** €, Joseph-Belli-Weg 11, Facebookseite, je nach Veranstaltung 20/21–1/3 Uhr. Selbstverwalteter Klub des Jugendkulturvereins. Themenabende, Veranstaltungen und Partys, Programm s. Website. Auch die Politik kommt nicht zu kurz in Form von regelmäßigen Infoabenden. Fazit: gemeinsam gegen rechts anfeiern.

› **Kantine** € (s. S. 82), Mi., Fr., Sa. 23–3/4 Uhr. Zeltplatzkultur: Klub in einer stillgelegten Zeltfabrik mit Techno, House und studentischem Publikum.

91 [B4] **P-Club** €, Hussenstr. 4, Tel. 0170 1625205, Mi./Do. 20–1, Fr./Sa. 20–3 Uhr. Hier wird u. a. zu Salsa und Balkanbeats getanzt.

92 [C1] **Rheinterrasse,** Spanierstr. 5, Tel. 07531 56391, https://rheinterrasse-kn.de, Partys an den Wochenenden. Ob etwas und was los ist, steht auf der Website. Die Lage am Seerhein ist jedenfalls eine gute Ausgangsbasis für gelungene Sommerpartys!

› **Wohnzimmer** (s. S. 79). Am Wochenende gibt es zu später Stunde Musik vom Plattenteller: Hip-Hop, Soul, Techno.

Biergärten

› **Burgschänke** €€, im Hotel Burghof über dem See (s. S. 127), April–Sept. Mi.–So. 11–22, Küche 12–19.30 Uhr, im Winter nur Sa./So. Burgherrengefühle: Die Anlage aus dem 17. Jh. thront in bester Aussichtslage über dem See im Konstanzer Ortsteil Wallhausen. Spezialität der Burgschänke ist Poularde vom Grill. Gäste haben die Wahl zwischen einer Vesperkarte mit einigen leckeren, warmen Gerichten oder man bestellt etwas zu trinken und wirft Mitgebrachtes auf den Grill.

93 [C1] **Constanzer Wirtshaus,** Spanierstr. 3, Tel. 07531 3630130, www.constanzer-wirtshaus.de, tgl. 11–23 Uhr. Biergenuss am Seerheinufer. Das Constanzer Wirtshaus in einem klassizistischen Bau und mit herrlichem Biergarten am Fluss empfiehlt sich nicht nur wegen der klassischen Bodenseeküche, sondern auch wegen des hübschen Altstadtpanoramas.

94 [D4] **Pavillon am See** €, Stadtgarten 1, Tel. 07531 17130, tgl. 12–20 Uhr. Abseits der Straße: Der Kiosk im Stadtgarten und am Wasser punktet mit viel Schatten und Aussicht. Für ein Getränk ein ausgezeichneter Platz.

95 [C4] **Seekuh** €-€€, Konzilstr. 1, Tel. 07531 27232, www.seekuh.de, tgl. 17–24 Uhr. Zentraler Biergarten: Mitten in der Altstadt werden im schattigen Garten Bier, Wein und italienische Gerichte (u. a. Pizza) aufgetischt. Einmal im Monat Livemusik in den Innenräumen.

Kino

96 [bh] **Zebra Kino,** Joseph-Belli-Weg 5, Tel. 07531 60190, http://zebra-kino.de. Nicht kommerziell orientiertes Filmtheater auf Vereinsbasis mit sorgfältig ausgesuchtem Programm und sehr günstigem Eintrittspreis – für Unterhaltungssuchende, Politaktivisten und Cineasten.

Theater und Oper

97 [A5] **K9,** Hieronymusgasse 3, Tel. 07531 16713, www.k9-kulturzentrum.de. Neben Livemusik gibt es Comedy und Kabarett. Jeden ersten Do. im Monat findet die „SplitterNacht" statt: Jeder darf (nach Anmeldung) für 10 Min. auf die Bühne und beweisen, was er kann.

› **Kammeroper im Innenhof des Rathauses** 11, Tel. 07531 2827697, www.rathausoper.de. Im Sommer kultivieren stimmungsvolle Opernaufführungen den Rathaushof.

98 [C5] **Spiegelhalle,** Hafenstr. 12, Tel. 07531 900150, www.theaterkonstanz.de. 240 Sitzplätze in einer ehemaligen Güterhalle am Hafen, die Experimentalbühne des Stadttheaters. Ferner Lesungen, Musikaufführungen etc.

19 [C3] **Stadttheater.** Größtes Theater von Konstanz mit 400 Sitzplätzen im ehemaligen Gymnasium des Jesuitenklosters. Gilt als die älteste durchgängig bespielte Bühne Deutschlands. Im Repertoire: Klassiker (s. S. 38).

99 [dg] **Unitheater Konstanz,** Universitätsstr., Raum A 500 (direkt unter dem Audimax), www.uni-konstanz.de/theater/studiobuehne. Tickets im Stadttheater und im Uni-Foyer. Studentenbühne, auf der immer viel los ist: mal witzig, mal tragisch und immer günstig.

100 [C3] **Werkstatt,** Inselgasse 2, Tel. 07531 900150, www.theaterkonstanz.de. 90 Sitzplätze gibt es in dieser Spielstätte, in der im 16. Jh. Erasmus von Rotterdam nächtigte. Den Schwerpunkt bilden junges Theater und Workshops.

Nachtleben in Kreuzlingen (CH)

101 [ck] **Blue American Bar** €€, Hauptstr. 34, Tel. 0041 716712270, http://americanbar-blue.ch, Mo.–Sa. ab 19 Uhr. Die Bar für coole Drinks

und coole Menschen. Auch Bier und Schaumweine, dazu ab und an DJ-Sessions oder Livemusik.

102 [ck] **Horst Klub** €€, Kirchstr. 1, www.horstklub.ch, bei Veranstaltungen ab 21 Uhr. Ehrenamtlich betriebener Klub mit dem Besten und Neuesten auf der Bühne, was die Musikszene so hervorbringt. Motto: Sich nur nicht von der Avantgarde einholen lassen!

103 [dk] **Sealounge** €€, Seeweg 1, Tel. 0041 794361521, http://sealounge.ch, Juni–Sept. tgl. 11–24 Uhr. Das Gras der Nachbarweide: Direkt hinter der Grenze liegt, sitzt und steht die Jugend am Ufer und zahlt in Franken oder Euro (1 zu 1) für Cocktails und Pasta. Am Wochenende DJs.

062kb-fk

Konstanz zum Stöbern und Shoppen

In Konstanz ist die Welt für Einkaufsbummler noch in Ordnung: Trotz großer Einkaufszentren an der Peripherie und den altstadtnahen überdachten Kaufmeilen LAGO Shopping-Center und Seerhein-Center konnten und können sich etliche **kleinere Einzelhandelsgeschäfte** in der Innenstadt halten und laden heute zu einem Shoppingbummel durch die Gassen ein. Auch wenn die Ladendichte in der Altstadt überall hoch ist: **Hauptachsen** sind die **Hussenstraße** [A5–B4], die sich ab dem **Obermarkt** 12 mit der **Wessenbergstraße** 14 verlängert, und parallel dazu die **Rosgartenstraße** [B5] mit ihren nördlichen Ausläufern Tiroler- und Hohenhausgasse. Quer dazu verlaufen die **Kanzleistraße** [B4] und deren westliche Verlängerung **Marktstätte** 6, die – ebenfalls mit etlichen Geschäften – den Obermarkt mit Bahnhof und Hafen verbinden.

Einkaufszentren

104 [C6] **LAGO Shopping-Center,** Bodanstraße 1, Tel. 07531 6913360, www.lago-konstanz.de, Mo.–Sa. 9.30–20, Do. bis 22 Uhr. Im topmodernen Shoppingparadies sind alle großen Filialisten vertreten, dazu Lebensmittelläden, Restaurants, Imbisse etc.

105 [di] **Seerhein-Center,** Zähringer Platz 9, Tel. 07531 51017, www.seerheincenter-konstanz.de, Mo.–Sa. 7–22 Uhr. Shoppingparadies von Lebensmitteln über Kleidung bis hin zu Deko.

Rund um den Bodensee verkaufen die Hofläden allerlei Frisches

Lebensmittel

106 [bi] **Bodenseefischerei Leib,** Fischenzstr. 50, Tel. 07531 691717, www.leibamseele.de, Di./Fr./Sa. 8.30–12.30, Fr. auch 14.30–18 Uhr. Frischer geht nicht: vom Boot direkt in den Laden. Außerdem: Forelle und Saibling aus dem Räucherofen (kein Imbiss!).

107 Café Stella & SchokoLaden, Bündtstr. 12, Kreuzlingen (CH), Tel. 0041 71 6779777, www.cafe-stella.ch, Di.–Fr. 9–18.30, Sa. 9–17 Uhr. Fabrikladen für dunkle Sünden auf Schweizer Seite, auch Spezialitäten wie Schokolade mit Kokosblütenzucker oder Agavennektar (als Alternative zu weißem Zucker) sind im Angebot.

108 [B4] **Läderach chocolatier suisse,** Obermarkt 4, Tel. 07531 2820639, www.laederach.com, Mo.–Sa. 9.30–19 Uhr. FrischSchoggi und mehr: Die Schweizer gelten als Meister in der Schokoladen- und Pralinenherstellung und hier beweisen sie es einmal mehr.

109 [eh] **Landmetzgerei Koch,** Mainaustr. 158, OT Allmannsdorf, Tel. 07531 9423031, www.landmetzgerei-bernhorst-koch.de, Di./Do./Fr. 8–18, Mi./Sa. 8–13 Uhr. Wurst und Fleisch, u. a. vom Schwäbisch-Hällischen Landschwein aus artgerechter Haltung und Fütterung.

110 [B4] **Kutmühle**, Wessenbergstr. 23, www.kutmuehle.de, Tel. 07531 2843758, Mo.–Fr. 7.30–18, Sa. 7.30–14.30 Uhr. Hochwertiges Mehl aus der Kutmühle Villingen und sehr leckeres Brot von Dinkel über Weizen bis Roggen, ferner Kuchen und Torten.

111 [B4] **Reginbrot**, Münzgasse 16, Tel. 07531 23963, www.reginbrot.de, Mo.–Fr. 9–18, Sa. 9–15 Uhr. Bäckerei, deren Erzeugnisse vollständig bio sind (selbst gemahlenes Getreide), von der Brezel über Vollkornbrote (mit Walnuss, Rosinen ...) bis zum Baguette.

112 [bh] **Wegwarte Naturkost**, Chérisy-Str. 6, Tel. 0173 2318713, www.kostbar-bodensee.de/wegwarte, Mo.–Fr. 9–20, Sa. 9–18, So. 9–12 Uhr. Naturkostladen mit Produkten aus biologischer und nachhaltiger Landwirtschaft mit regionaler Bindung. Mit kleinem Imbiss.

Geistiges für den Bauch

› **Weinboutique in der Spitalkellerei** 21, Mo.–Fr. 10–18, Sa. 10–14 Uhr. Wer kann schon auf eine 750-jährige Geschichte zurückblicken? Weinboutique mit Flaschen in mehreren Qualitäts- und Preisstufen, außerdem Perlwein und Sekt.

› **Weinhandlung Fritz,** im selben Gebäude wie Weinkeller Fritz (s. S. 83), www.weinhandlung-fritz.de, Mo./Di. 10–13 u. 15–18.30, Do./Fr. 10–13 u. 16–23.30, Sa. 10–13 Uhr. Weinhandel mit Verkostung nicht nur badischer Weine.

113 [B4] **Weinhaus Baum,** Hussenstr. 2, Tel. 07531 22660, http://weinhaus-baum.de, Mo.–Fr. 10–18.30, Sa. 10–17 Uhr. Weine aus Deutschland, Frankreich und Italien, Sekt und Champagner sowie Spirituosen, darunter internationale Sorten (Barbados-Rum) und Hochprozentiges naheliegender Herkunft (Bodensee-Whisky aus Kressbronn).

Geistiges für den Kopf

114 [B3] **BuchKultur Opitz,** Sankt-Stephans-Platz 45, Tel. 07531 24171, www.genialokal.de, Mo.–Fr. 10–18, Sa. 10–16 Uhr. Ansprechend sortiertes und präsentiertes Allgemeinsortiment, dazu Schwerpunkt Anthroposophie und hübsche Kunstpostkarten.

115 [B4] **Bücherschiff,** Paradiesstr. 3, Tel. 07531 26007, www.buecherschiff.de, Mo.–Fr. 10–18, Sa. 10–17 Uhr. Sympathische Buchhandlung

Shoppingareale
Die wichtigsten Shoppingbereiche der Stadt sind im Kartenmaterial mit einer rötlichen Fläche markiert.

mit guter Beratung, insbesondere im Belletristikbereich.

116 [C3] **Homburger & Hepp,** Münsterplatz 7, Tel. 07531 90810, www.homburger-hepp.de, Mo.-Fr. 9-18.30, Sa. 10-16 Uhr. Angenehme, kleine Buchhandlung, u. a. mit ausgezeichneter Jugendbuchabteilung.

› **Hugendubel,** im LAGO Shopping-Center (s. S. 86), Tel. 07531 2843684, www.hugendubel.de, Mo.-Sa. 9.30-20 Uhr. Buchhandelskette mit guter Auswahl.

117 [B5] **Osiander,** Kanzleistr. 5, Tel. 07531 2823780, www.osiander.de, Mo.-Sa. 9.30-19 Uhr. Filiale der baden-württembergischen Kette in der Traditionsbuchhandlung mit umfangreichem Sortiment aus allen Bereichen. Ganz versteckt lockt das Café im Garten (s. S. 81).

118 [B4] **Zur Schwarzen Geiß,** Obermarkt 12, Tel. 07531 15433, www.geiss.de, Mo.-Fr. 9.30-18.30, Sa. 9.30-16 Uhr. Buchhandel mit Anspruch und Kampfbereitschaft gegen die Amazonisierung der Welt. Auch CDs, DVDs und Software.

Märkte

119 [di] **Wochenmarkt am St.-Gebhard-Platz,** jeden Mi. u. Sa. März-Okt. 7-13, Nov.-Feb. 7.30-13 Uhr

120 [B4] **Wochenmarkt am St.-Stephans-Platz,** jeden Di. u. Fr. März-Okt. 7-13, Nov.-Feb. 7.30-13 Uhr

Mode und Schmuck

121 [B4] **chacha-store Men,** Zollernstr. 18, Tel. 07531 9027614, www.chacha.eu, Mi.-Fr. 10-13 u. 14-18, Sa. 10-16 Uhr. Dasselbe Programm wie bei chacha Women.

122 [B4] **chacha-store Women,** St.-Stephans-Platz 16, Tel. 07531 3638505, www.chacha.eu, Mo.-Fr. 11-13 u. 14-18, Sa. 10-17 Uhr. Labels wie Armedangels, Fred Perry und Sessùn hängen neben Zirkeltraining-Bags und Nudie Jeans. Ein hipper Laden, den man im beschaulichen Konstanz gar nicht vermuten würde.

123 [C4] **Deinlers Ledermanufaktur,** Zollernstr. 13, Tel. 07531 29192, http://deinlers.de, Di.-Fr. 9.15-13.15 u. 14-18, Sa. 10-17 Uhr. Handgearbeitetes aus Leder, von der Handtasche bis zum Gürtel, aus der eigenen Manufaktur (Marke: Doppelgänger) aber auch von anderen Labels – immer hochwertig, immer schön. Auch Reparaturen.

124 [A5] **Manali**, Neugasse 33, Tel. 07531 9171188, www.manali-konstanz.de, Di./Do./Fr. 11-18, Mo./Mi. ab 13, Sa. 11-16 Uhr Uhr. Öko-Mode rund um Yoga, Pilates und Tanz, dazu hübscher Schmuck.

125 [B5] **pool fashion,** Hussenstr. 19, Tel. 07531 691700, www.fashion-pool.eu, Mo.-Fr. 10.30-19, Sa. bis 18 Uhr. Kleidung und Schmuck von angesagten Brands wie D&G und Konplott. Ein Stöber-Paradies für Fashionistas.

126 [C4] **Schmuckatelier Karin Demmler,** Zollernstr. 3, Tel. 07531 2841226, www.schmuck-karindemmler.de, Di.-Do. 13-18.30, Fr. 10-12 u. 13-18.30, Sa. 11-16 Uhr. Wunderbar gearbeitete Unikate aus ungewöhnlichen Materialien, Edelsteine aus fairem Handel.

Parfüm und Kosmetik

127 [B4] **hautnah**, Tirolergasse 10, Tel. 07531 368246, www.hautnah-kosmetikatelier.de, Di.-Fr. 10-18, Sa. 11-16 Uhr. Viel Naturkosmetik.

128 [B5] **Parfümerie Gradmann,** Hussenstr. 10, Tel. 07531 282560, www.gradmann1864.de, Mo.–Sa. 10–19 Uhr. Die alteingesessene Parfümerie führt bekannte und auch viele exklusive Marken. Der Clou aber sind die gotischen Räume und ganz hinten ein Gartencafé (Café Arôme, s. S. 79) zum Verschnaufen.

Sonstiges

129 [B2] **Buchbinderei Gaupmann,** Schreibergasse 8, Tel. 07531 22704, www.buchbinderei-gaupmann.de, Mo.–Do. 8–12 u. 14–17 Uhr. Wer sich sein gerade antiquarisch erstandenes Buch neu binden lassen will, ist hier richtig: bestes Handwerk mit eigener Papier-/Kartonproduktion.

130 [B4] **Contigo fairtrade**, Wessenbergstr. 12, Tel. 07531 3694949, http://contigo.de, Mo.–Sa. 10–18 Uhr. Frisch gerösteter Kaffee und allerlei Kunsthandwerk, Praktisches für Küche und Haus sowie Schönes aus der ganzen Welt, den Erzeugern zu fairen Preisen abgekauft.

131 [C4] **feinhandel,** Hohenhausgasse 12, https://feinhandel.de, Tel. 07531 9224494, Di.–Fr. 11–13 u. 14–17, Sa. 11–15 Uhr. Zauberhafte Dinge aus Holz, Metall, Stoff, Bekanntes wie die Engelsfiguren aus dem Erzgebirge, eher Unbekanntes wie die Stoffmäuse von Maileg ... nicht billig, aber umwerfend!

132 [B3] **Leica Galerie Konstanz & Café Blende 8,** Gerichtsgasse 9, Tel. 07531 9163300, www.leica-galerie-konstanz.de, Mo.–Fr. 10–18.30, Sa. 9.30–14 Uhr. Fotoladen, -galerie und Café, gelegentlich erleben die Gäste ein Live-Shooting in den Industrial-Chic-Räumen. Der Kaffee ist köstlich, das Ambiente angenehm.

133 [B3] **Magic Mount**, Untere Laube 16, Tel. 07531 24060, www.magic-mount.com, Mo.–Fr. 10–13.30 u. 14.30–19, Sa. 10–18 Uhr. Nachhaltige Outdoorkleidung und -ausrüstung wie etwa Corker Flipflops aus recyceltem Kautschuk.

134 [B4] **Malhausapotheke,** Paradiesstr. 1, Tel. 07531 23900, www.malhausapotheke.de, Mo.–Fr. 8.30–18, Sa. 9–13 Uhr. Auch wenn man gerade kein Medikament braucht, lohnt es, sich die historische Innenausstattung anzusehen. Im 19. Jh. ließ sie Ludwig Leiner, der Gründer des Rosgartenmuseums, einbauen. Die Apotheke selbst geht auf das 14. Jh. zurück.

135 [C4] **moebellabor,** Zollernstr. 25, Tel. 07531 9189151, geöffnet nach Vereinbarung, www.moebellabor.de. Zugegeben, Möbel sind nicht das Standardsouvenir, die Tische und Sideboards des Labors sind aber von höchstem ästhetischen Reiz.

136 [B4] **Seetroll,** Karlstr. 19, Tel. 07531 954424, www.seetroll.de, Mo.–Fr. 10–18, Sa. 10–16 Uhr. Ein Paradies für Kinder und Erwachsene: Spiele und Comics satt, von simpel bis höchst anspruchsvoll.

137 [B4] **smow,** Zollernstr. 29, Tel. 07531 13700, www.smow.de, Di.–Sa. 9.30–18 Uhr. Todschicke Designmöbel, wunderbar präsentiert in einem gotischen Haus. Von der oberen Etage toller Blick über die Stadt.

138 [B4] **TAM TAM weekend store,** Hohenhausgasse 2, Tel. 07531 9028282, www.tam-tam.de, Do./Fr. 10–13 u. 14–18, Sa. 10–16 Uhr. „Things we love“ lautet das Programm, und das sieht so aus: Bücher, Musik, Taschen, T-Shirts und mehr, klug kombiniert. Manchmal gibt es auch überraschende Events.

139 [di] **Terra Cotta,** Luisenstr. 9, Tel. 07531 22186, www.terracotta-kn.de, Di.–Fr. 10–13 u. 14–18, Sa. 10–13 Uhr. Keramikatelier mit schönen Objekten in klaren Formen und kräftigen Farben – alles ausgesprochen alltagstauglich.

Konstanz zum Durchatmen

Selten gehen Stadt und Umgebung, See und Land eine so perfekte Symbiose ein wie Konstanz und die Nordufer des Bodensees. Selbst in der Hochsaison strömt die Stadt immer noch eine badisch-beharrliche Ruhe und Gemütlichkeit aus und selbst touristische Hotspots wie die Insel Mainau bieten mit verschwiegenen Plätzen noch genügend Raum für den perfekten Tagtraum.

Die einfachste Idee für eine Entspannungspause ist der **Stadtgarten** 3 am Hafen. Auf einer Bank sitzend, die Imperia 2 vor Augen, kann man in Ruhe den Trubel auf der Hafenmole und das Hin und Her der weißen Segel auf dem See begutachten.

Wer in der Altstadt ein Ruheplätzchen sucht, findet es auf einer der Bänke im hinteren Hof des **Alten Rathauses** 11. Lauschige **Gärten mit Kaffeeausschank** für die Flucht vor dem Kaufrausch haben zwei Geschäfte im Angebot: die Buchhandlung Osiander (s. S. 81) und die Parfümerie Gradmann (Café Arôme, s. S. 79). Ist der Kopf nach der Visite des **Rosgartenmuseums** 7 übervoll, kann man die Informationsflut bei Kaffee und Kuchen im **Museumscafé** (s. S. 81) abarbeiten.

Entspannung mit **Strandatmosphäre** hat man nachmittags in der Strandbar (s. S. 84) am Seerhein, bevor die Partygänger einfallen: Liegestuhl, Kaltgetränk und Sonnenbrille – ein Traum.

Knapp 2 km Fußmarsch (25 Min.) sind es zum **Bismarckturm** 25 im Stadtteil Petershausen auf dem 452 m hohen Raiteberg. Hierher verirrt sich nur selten jemand und als Zugabe ist die Sicht auf den See und die Umgebung fantastisch.

Wer auf der **Insel Mainau** 27 eine Stelle zum Innehalten und Träumen braucht, sollte etwas abseits vom Hauptstrom auf der Großherzog-Friedrich-Terrasse beim historischen Wasserreservoir (Nr. 22) oder beim Arboretum (Nr. 25) fündig werden. Diejenigen, die es ganz einsam mögen, kommen am besten am frühen Morgen. Die Tore öffnen bei Sonnenaufgang – unvergleichlich, wenn sich der Dunst des Sees hebt und erste Strahlen die Bäume vergolden.

Echte Orte der Besinnung sind die romanischen Kirchen auf der Insel **Reichenau** 28. Würdige Säulen tragen Gebälk und wenn gerade keine Busgruppe ankommt, ist man mehr oder weniger für sich und kann entspannt seinen Gedanken nachhängen.

064ko-fk

Es grünt so grün auf Mainau 27

Zur richtigen Zeit am richtigen Ort

Das vielleicht wichtigste Jahresereignis in Konstanz ist zweifellos Fasnacht. Aber natürlich gibt es noch eine ganze Menge an weiteren Veranstaltungen, Festen und Feiern, die auch für Touristen spannend und unterhaltsam sind.

In Konstanz finden das ganze Jahr über Veranstaltungen statt, aber das **Sommerhalbjahr** als touristische Hauptsaison ist naturgemäß die wichtigste Zeit für Feste und Festivals. Auf der Insel Mainau 27 blühen von Frühling bis Herbst immer wieder andere Pflanzen und sorgen für eine durchgängige Farbenpracht (s. Blütezeiten auf S. 49).

Zwischen April und Oktober kommen die Konstanzer jeden ersten Freitag des Monats zwischen 18.30 und 22 Uhr zum **Niederburger Gassenfreitag** in die Altstadt, flanieren und kaufen bis 22 Uhr ein – Autos verboten.

Januar bis Mai

- Februar/März: **Fasnacht** (s. S. 92)
- April/Mai: **Jazz Downtown** (www.jazz-downtown.de) an einem Samstag mit über 20 Bands, die in den Altstadtlokalen spielen
- Mai: **Gräfliches Inselfest** auf Mainau an vier Tagen rund um das Schloss und im Rosengarten. An den Verkaufsständen gibt es allerlei Grünes für betuchte Privatgärtner.
- Mai: **Early bird OpenAir** (http://openairreichenau.wordpress.com) auf der Insel Reichenau 28 beim Jachthafen an einem Maisamstag mit deutschen Indie-Bands, darunter auch Lokalhelden aus Konstanz
- Mai/Juni: Das **Heilig-Blut-Fest** auf der Reichenau am ersten Montag nach Dreifaltigkeit ist der wichtigste Feiertag des Eilands. Es gibt eine Parade der historischen Bürgerwehr, Messen und eine Prozession über die Insel.

Juni bis August

- Juni: Bei der **Internationalen Bodenseewoche** (www.internationale-bodensee woche.com) kreuzen Segler und mühen sich Ruderer bei den Regatten. Dazu gibt es ein buntes Rahmenprogramm mit maritimem Markt, Konzerten und Aufführungen.
- Juni: Auf dem **Grenzüberschreitenden Flohmarkt Konstanz/Kreuzlingen** (www.flohmarkt-konstanz.de) kann man ein Wochenende lang erstehen, was die einen nicht mehr, die anderen durchaus benötigen.
- Juni: Das zweitägige **Campus Festival** (http://campusfestival-kn.de) mit Live-acts ist *das* studentische Festival in Konstanz.
- Juni: **Staaner Sommermarkt** in Stein am Rhein 37, Jahrmarkt an einem Samstag vor mittelalterlicher Kulisse
- Juli: Das viertägige **Konstanzer Weinfest** (www.weinfest-konstanz.de) ist eines der Traditionsereignisse der Stadt.
- August: **Stadtgartenfest** (www.seenacht fest.de/stadtgartenfest) an den drei Tagen vor dem Seenachtfest zum Vorglühen mit kostenlosen Konzerten im Stadtgarten 3
- August: **Konstanzer Seenachtfest** (www.seenachtfest.de), Open-Air-Festival mit Musik, Tanz und einem Riesenfeuerwerk am zweiten Samstag des Monats direkt am Seeufer
- August: **Wein- und Fischerfest** auf der Insel Reichenau an einem Wochenende mit Konzerten und Köstlichkeiten aus dem See und vom Land. Veranstaltungsort ist der Jachthafen.

September bis Dezember

- September: Bei **Rock am See** (www.rock-am-see.de) Anfang September geht es für 15.000 Besucher so richtig ab.
- September: Das **Deutsch-Schweizer Oktoberfest** (www.oktoberfest-konstanz.com) auf dem Festplatz Klein-Venedig [D6] beginnt wie die große Schwester in München Mitte September.
- September: Zur Monatsmitte passieren die Radler des **Bodensee-Radmarathon** (www.bodensee-radmarathon.ch) Konstanz.
- Oktober: **Gräfliches Schlossfest** auf Mainau, eine Verkaufsveranstaltung für wertvolle Klunker
- Oktober: Mitte des Monats treten Laufbegeisterte beim **Konstanzer Altstadtlauf** (http://altstadtlauf.de) gegeneinander an.
- Dezember: Der größte **Weihnachtsmarkt** am Bodensee belebt die Konstanzer Altstadt von der Marktstätte 6 bis zum See. Er findet in der Adventszeit tgl. 11–20, Fr./Sa. bis 21.30 Uhr statt.

Fasnacht

Schwäbisch-alemannisch ist die Faschingstradition, aus den Zunftfeiern des Mittelalters geboren und im 18./19. Jh. verfeinert. Während vielerorts am 11. November die fünfte Jahreszeit eingeläutet wird, geschieht dies in Baden am 6. Januar, dem Dreikönigstag. Die größten Feiern beginnen am Mittwochabend in der Woche vor Aschermittwoch mit dem Butzenlauf quer durch die Stadt vom Schnetztor 9 zum Münster 17.

Am nächsten Morgen, dem Schmotzigen Dunschtig (Donnerstag), ist es dann endgültig so weit. Obwohl kein „offizieller" Feiertag, sollte man z. B. auf Behördengänge verzichten. Konstanz steht nämlich vollständig unter dem Diktat der Narren: Erstürmung des Rathauses 11, Befreiung der Schüler aus den „Zuchtanstalten", Jakobinertribunal (eine Gerichtsverhandlung mit wechselnden Großkopfeten auf der Sünderbank und langen, amüsanten Plädoyers der Anklage), Hemdglonkerumzug (Schülerumzug in Nachthemd und Zipfelmütze, bei dem die Lehrer ihr Fett abkriegen) – und das ist nur das Rahmenprogramm! Auch wenn der Schmotzige Dunschtig den Höhepunkt darstellt, so richtig zur Ruhe kommt die Stadt in den Folgetagen nicht, schließlich häufen sich in dieser Phase die Feste in Gaststätten und Privatwohnungen. Am Sonntag treffen sich die Konstanzer in der Stadt zum Fasnachtsumzug, am Montag die Familien zum Umzug der Kinder.

Und schließlich ist die Fasnacht fast zu Ende. Am Dienstag vor Aschermittwoch finden in der ganzen Stadt die Fasnachtsverbrennungen statt. Im Pfalzgarten vor dem Münster lodern die Münsterhexen, auf dem St.-Stephans-Platz [B3–4] brennt erst ein Großfeuer der Jakobiner (danach kommt Bruder Jakob unter die Erde), dann eines der Altstadthexen, am Augustinerplatz [B5] gehen die **Blätzlebuebe** in Flammen auf und vom Rathaus aus muss Kunibert, begleitet von den Seegeistern, seine Verbannung in den Bodensee antreten. Den Abschluss bildet um 23.59 Uhr die Fasnachtsverbrennung der Laugelegumpern am Obermarkt 12. Dann ist der Spuk vorbei und es gilt: 40 Tage kein Fleisch, kein Wein, keine Sinneslust!

053ko-fk

Konstanz – ein Porträt

Konstanz' Altstadt erstreckt sich auf einem Landrücken, den im Osten der **Bodensee** und im Norden der Fluss **Seerhein** begrenzen. Auch nach Süden und Südwesten konnte die Stadt nicht wachsen – dort verläuft die **Grenze zur Schweiz,** wobei Konstanz fast nahtlos in das Schweizerische Bodenseestädtchen **Kreuzlingen** (21.500 Bewohner) übergeht. Im 19. Jh. dehnte sich Konstanz deshalb über den Seerhein nach Norden auf die **Halbinsel Bodanrück** (s. S. 46) aus, wo man heute Gründerzeit- und moderne Stadtviertel findet. Hier residiert auch die Konstanzer Universität 26. Mit Bodanrück und der **Halbinsel Höri** (s. S. 58) besitzt Konstanz zwei facettenreiche Erholungsgebiete direkt vor der Haustür.

Durch die Lage an See und Fluss ist **Wasser** überall in der Stadt präsent – im flirrenden Licht an heißen Sommertagen ebenso wie in der stillen Stimmung nebliger Herbst- und Wintermorgen. Auch das Klima wird beeinflusst. Das Wasser speichert Wärme und gewährt Konstanz ein etwas milderes Lüftchen als der Umgebung. Besonders die jeweils nur eine halbe Fahrradstunde entfernten Bodensee-Eilande profitieren davon: die **Blumeninsel Mainau** 27 durch berauschende Blütenpracht, die **Gemüseinsel Reichenau** 28 durch übergroße Fruchtbarkeit.

Der kompakte, rund 1,3 km^2 große **Altstadtbereich** ist dicht bebaut und **hervorragend erhalten.** Schon früh sorgten sich Denkmalschützer um die historische Substanz, sodass kaum etwas abgerissen und vieles behutsam und vorbildlich restauriert wurde. Nahezu das gesamte Altstadtgebiet ist **verkehrsberuhigt** – man lasse das Auto also am besten auf einem Parkplatz am Rande und erkunde Konstanz zu Fuß.

Obwohl die Stadt durch die Geschlossenheit ihrer historischen Bausubstanz mindestens ebenso faszinierend wie behäbig wirkt, ist sie, nicht zuletzt dank der vielen Studenten, erstaunlich **dynamisch und jung.** Wer Lust auf Shopping hat, wird in der Altstadt auf jeden Fall fündig – an Boutiquen, Ökoläden oder Designershops herrscht kein Mangel. Auch die **Kneipen- und Cafédichte** ist bemerkenswert, ebenso wie das **Kulturangebot** in den erstaunlich ambitionierten Theatern. Bei so viel jugendlicher Dynamik verwundern auch die **Wahlergebnisse** nicht: Bei den Bundestagswahlen 2021 übertrumpften die Grünen die Konkurrenz mit stolzen 32 % (CDU 17,9 %, SPD 20 %). Bei den OB-Wahlen 2020 unterlag der Linke Luigi Pantisano erst in der Stichwahl mit 45,1 % dem bisherigen Oberbürgermeister Uli Burchardt von der CDU (49,5 %).

Einen tollen **Vorteil** hat dieses kompakte, historische Städtchen – man landet immer wieder in Ecken, die man noch nicht gesehen hat, steht vor Läden, die einem am Vortag nicht aufgefallen sind, findet sich vor Fassaden wieder, die man zuvor übersehen hatte. Der **Entdeckerlust** sind folglich keine Grenzen gesetzt!

[<] Vorseite: Skulpturendetail im Konstanzer Münster 17

Die Stadt in Zahlen

- **Gegründet:** um das 1. Jh.
- **Einwohner:** ca. 85.000
- **Bevölkerungsdichte:** 1530 Ew./km^2
- **Fläche:** ca. 54 km^2
- **Höhe ü. M.:** 405 m

Von den Anfängen bis zur Gegenwart

Die Lage am Ausfluss des Seerheins gegenüber der Halbinsel Bodanrück – dem Konstanzer Trichter – machte das Ufer am nordwestlichen Ende des Bodensees zu einem bevorzugten Siedlungsgebiet. Die geografische Position gereichte Konstanz allerdings nicht immer zum Vorteil. An der Grenze zu Schweiz und Österreich gelegen, musste man sehr häufig hin- und herlavieren, den einen gegen den anderen ausspielen, um seine Unabhängigkeit zu wahren. Dafür entschädigten jedoch das ausgeglichene Klima und die überaus fruchtbaren Böden.

Frühe Siedler

Bereits um 15.000 v. Chr., am Übergang von der Altsteinzeit zur mittleren Steinzeit, sind Spuren von Menschen nachgewiesen, doch erst in der **Bronzezeit** fand wohl eine intensivere Besiedlung der Bodenseeufer statt. Gefunden wurden Bauten, die die Bewohner bis etwa 1000 v. Chr. auf damals wohl trockenem Boden am Ufer errichtet hatten und die erst später nach Anstieg des Seespiegels im Wasser standen. Drei von insgesamt 111 zum Welterbe erklärten **Pfahlbaustationen** aus der späten Bronzezeit liegen in nächster Nähe zu Konstanz: Wollmatingen-Langenrain (wo sich der Seerhein in den Untersee ergießt, am nördlichsten Ende des Riboldinger Bohls), Konstanz-Hinterhausen (parallel zur Mozartstraße in Petershausen, unter Wasser) und Litzelstetten-Krähenhorn (nördlich von Mainau 27 und gleich nördlich des Strandbads Litzelstetten, unter Wasser). Auch wenn heute von den Bauten nichts mehr erkennbar ist, belegen die Funde doch die Bedeutung des **Konstanzer Trichters** für die Siedlungsgeschichte des Bodensees.

Kelten

Dass die Kelten auf dem Gebiet des heutigen Konstanz gesiedelt haben, ist unbestritten. Nur welche Bedeutung die Siedlung hatte, weiß

Konstanzer Panorama, rechts im Bild die Rheinbrücke

man nicht genau. War es ein einfaches Fischerdorf oder eine befestigte Schanzanlage mit Markt und Einrichtungen von regionaler Relevanz? **Keltengräber** sind zu Hunderten in den Wäldern um Konstanz zu finden; zwar entdeckt, doch meist nicht erkundet, ruhen sie weiter vor sich hin.

Zwischen dem 8. Jh. v. Chr. bis zur Ankunft der Römer lebten die Kelten in weiten Teilen Mittel- und Westeuropas und kamen bis nach Großbritannien, Portugal und Anatolien. Sie sind als **Galater** im Neuen Testament erwähnt, Paulus macht sie in einem seiner Briefe richtig rund.

Die Wissenschaft teilt die keltische Periode in zwei Kulturzeiten ein: die **Hallstadt-Epoche** nach einem Fundort in Österreich (800–450 v. Chr.) und die **Latène-Epoche** nach einem Schweizer Grabungsfeld (450–ca. 100 v. Chr.). Dabei ist die Gegend um Rhein und Donau die Urzelle der keltischen Landnahme, von der aus sie ihre Besiedelung Europas begannen. Die Kelten besaßen wohl sehr differenzierte Gesellschaften und bildeten bereits früh Fürstentümer mit Zentralsiedlungen und mehreren Tausend Bewohnern.

Das Konstanzer Siedlungsgebiet war ein **Moränenhügel** an der Stelle des heutigen Münsters 17, der etwa 6 m über dem Seespiegel lag – eine sichere Höhe, um nicht überflutet zu werden. Rundherum von Wasser bzw. Sümpfen geschützt, war dies auch militärisch gesehen eine gute Position.

Die Konstanzer Keltensiedlung fand ihr **Ende** in der zweiten Hälfte des 1. Jh. v. Chr., vielleicht in Zusammenhang mit dem Griff der Römer nach den Gebieten nördlich der Alpen im Jahr 15 v. Chr., vielleicht aber auch schon einige Dutzend Jahre davor.

Römer

Die Römer zogen nicht brandschatzend und marodierend durch die von ihnen eroberten Gebiete. Im Regelfall unterließen sie nach dem Sieg militärische Strafaktionen, vielmehr begann ein Prozess der **Durchmischung** mit der eingesessenen Bevölkerung bzw. deren Assimilierung. So verschwanden zwar nicht die Kelten an sich – ihre Gene lassen sich noch bei den heutigen Europäern nachweisen – wohl aber ihre Kultur (und zwar vollständig).

Auf dem Gebiet des heutigen Konstanz entstand eine **römische Siedlung** namens **Drusomagus.** Zunächst handelte es sich noch um einen reinen Militärposten mit einem befestigten Hof auf dem Moränenhügel, später entwickelte sich ein Marktflecken, als Handwerker und Händler das zum Rhein hin abfallende nördliche Areal der Moräne, die heutige Niederburg [C2], besiedelten. Als Teil der **Provinz Raetia** an einer Heerstraße von Pfyn im Thurgau zur Südseite des Bodensees und an einer günstigen Stelle für den Rheinübergang gelegen, war Drusomagus einer der Stützpunkte für die römischen Kriegsschiffe auf dem See.

Zu Beginn des 3. Jh. warfen die Alemannen begehrliche Blicke auf den Besitz der Römer und wagten den einen oder anderen Überfall. 213 konnten sie die Römer ein erstes Mal aus Drusomagus vertreiben. Diesen gelang zwar die Rückeroberung verlorener Gebiete, doch das schon im 1. Jh. errichtete 550 km lange Verteidigungswerk **Obergermanisch-Raetischer Limes** glaubte man nicht mehr halten zu können. Man verlegte es ab dem Jahr 260 zurück an die Ufer leichter zu verteidigender Flüsse.

So entstand der **Donau-Iller-Rhein-Limes.** Drusomagus erhielt Ende des 3. Jh. erstens einen neuen Namen – **Constantia** (entweder nach dem römischen Kaiser und Feldherrn Constantius I., dem es noch einmal gelungen war, bei der Schlacht von Langres im Elsass die Alemannen zurückzudrängen, oder nach seinem Enkel Constantius II., der ebenfalls gegen die Alemannen antrat) – und zweitens ein **neues Kastell.** Dessen **Fundamente** entdeckte man 2003 bei Baumaßnahmen auf dem Münsterplatz [C3]; durch einen mit einer Glaspyramide überdachten Lichtschacht kann man heute einen Blick darauf werfen. Doch es nützte alles nichts: Ein Krieg, viel Gemetzel und am Ende siegten die Alemannen.

Alemannen

Das **Römische Reich zerbrach** im Jahr 395: in einen westlichen Teil mit der Hauptstadt Rom und einen östlichen mit der Hauptstadt Byzanz (später Konstantinopel und heute Istanbul genannt). **Westrom** war nur noch ein Schatten seiner selbst und konnte seine Grenzen nicht mehr schützen. Schließlich überrannten die Alemannen Ende des 5. Jh. die Festung Constantia.

Über den westgermanischen Stamm ist relativ wenig bekannt, da er nur **überschaubare Siedlungsspuren** hinterlassen hat. Die Alemannen verschmähten die Bauten der Römer und lebten in einfachen, lehmverputzten Holzständerhütten. Und da sie Feuerbestattungen pflegten, geben auch Gräber nur wenig Auskunft über ihre Lebensweise. Die eroberten Gebiete wurden häufig nur durchstreift und geplündert. Danach zog man weiter.

Auf dem **Höhepunkt ihrer Macht** Ende des 5. Jh. hatten die Alemannen in einem Gebiet etwa von Dijon bis Regensburg und vom Alpenvorland bis Würzburg das Sagen. Doch auch die alemannische „Erfolgsgeschichte" neigte sich irgendwann dem Ende zu. Schuld waren die Franken.

Franken

Der **Merowinger König Chlodwig I.** (466–511) schlug zunächst die Alemannen bei der Schlacht von Straßburg im Jahr 506 und brachte deren Einflussgebiete im Norden unter seine Herrschaft. Die südlichen Gebiete – und damit auch Konstanz – blieben vorerst noch mehr oder weniger eigenständig, da dem ostgotischen Kö-

067ko-fk

Brunnenfigur am Konstanzer Bodanplatz [B6]

nig Theoderich (der mittlerweile über Westrom herrschte), zu viel Frankenmacht an seiner nördlichen Grenze nicht schmeckte. Er stellte die südlichen Gebiete unter seinen Schutz. Doch sein Nachfolger König Witgis geriet in einen Krieg mit Byzanz. Um sich zu retten, überließ er im Jahr 537 für eine Allianz die südlichen alemannischen Gebiete den Franken. Die Alemannen gingen in der fränkischen Kultur auf und die Bodenseeregion war nun ein **Herzogtum im Frankenreich.** Dessen Herzöge stellten allerdings alemannische Adelsfamilien, die ab und an versuchten, wieder unabhängig zu werden.

Nachdem **Karl der Große**, der mächtigste der Frankenkaiser, 814 gestorben war, zerfiel das Frankenreich. Die drei Enkel Karls des Großen teilten es 843 unter sich auf: Westfrankenreich (später Frankreich), Ostfrankenreich (später Heiliges Römisches Reich Deutscher Nation) mit der Bodenseeregion und das Mittelreich (Lothringen). Das Mittelreich kam später in zwei Schritten (870/880) als Herzogtum zum ostfränkischen Reich.

068ko-fk

Bischofsstadt

Um das Jahr 585 verlegte **Bischof Maximus** seinen – wegen der Völkerwanderung unsicher gewordenen – Sitz vom heutigen Windisch im Kanton Aargau (von der römischen Garnison Vindossa) nach Konstanz. Er ließ auf den Fundamenten des Kastells eine erste Kathedrale errichten, außerdem seine Bischofspfalz, eine Domschule und ein Klerikerhaus, umgeben von einer schützenden Burgmauer. So übernahm der Bischof die Herrschaft. Auch die Niederburg war nun als Wohnstatt der Laien besiedelt. Konstanz entwickelte sich in der Folge zur **größten Diözese** auf deutschsprachigem Gebiet, deren Einflusssphäre von St. Gotthard im Süden bis hoch zum Main reichte.

Es begann eine Zeit des Wohlstands, auch im weltlichen Bereich. Allerdings ist erst für das 10. Jh. der **Marktstatus** dokumentiert (Markt St. Stephan), parallel dazu erhielt der Bischof das **Münzrecht.** Umgeschlagen wurden Gewürze, Pelze und Stoffe. Aus Norditalien, Frankreich und Osteuropa kamen die Händler in die Stadt, die Reichtum anhäufte und sich nun repräsentative Kirchen leisten konnten. Unter **Bischof Konrad von Konstanz** (900–975) entstanden allein fünf neue Gotteshäuser, die als Kopien der fünf römischen Pa-

Maid auf der Meersburger Festung, dem heutigen Burgmuseum 47 triarchalbasiliken erbaut wurden und Konstanz zu einem **Abbild der Papststadt** machen sollten. Immer mehr Menschen zogen in die Stadt, neue Wohngebiete mussten erschlossen werden. Vom Münsterplatz wuchs Konstanz nun in Richtung Süden, wofür man auch den See aufschütten musste. In den Jahren 1052–68 erhielt es einen neuen Dom, das **Münster,** die heutige Säulenbasilika.

Während des **Investiturstreits** (1076–1122), des Machtkampfes um das Recht zur Besetzung geistlicher Ämter, stand Konstanz zuerst auf der Seite des Kaisers, wechselte dann aber 1084 unter Bischof Gebhard III. in das päpstliche Lager. Kaiserliche Truppen marschierten 1102 ein und vertrieben den Bischof.

Reichsstadt

Auch wenn deutsche Kaiser schon mehrfach in Konstanz geweilt hatten, 1153 war es erstmals Treffpunkt für eine wichtige Versammlung: **Friedrich I. Barbarossa** (damals noch König) hielt hier einen **Reichstag** ab, zu dem alle Fürsten des Reiches zusammenkamen. 1183 kam Barbarossa nochmals, nun als Kaiser, und machte den Frieden zwischen dem Reich und dem Lombardenbund, einem Städteverbund Norditaliens, fest.

1192 erhielt Konstanz schließlich auch offiziell den Titel **Reichsstadt.** Damit war verbunden, dass die Bürger nicht mehr dem Bischof unterstanden, sondern direkt dem Kaiser (Reichsunmittelbarkeit). Eigentlich sollten sie auch nur ihm Tribut leisten, doch war es dem Klerus gelungen, zumindest die Hälfte der Steuern weiter für sich zu vereinnahmen.

Ab etwa 1200 verband eine 260 m lange **Brücke** die Rheinufer. Konstanz setzte nun nicht mehr allein auf den Handel, es stieg zudem in die Produktion ein: Die Bauern pflanzten auf den fruchtbaren Böden der Umgebung **Flachs** an und in der Stadt spann man es zu Leinwand, die bald in ganz Europa für ihre Qualität bekannt war: *tela di costanza.*

1215 sprach **Friedrich II.** Konstanz das Recht zu, einen eigenen Stadtrat zu bilden, der Konstanz in Eigenverwaltung regieren sollte. Die Kaufleute der Stadt, nun mächtig geworden, errichteten 1391 das **Kaufhaus** am Wasser, ein Handelsgebäude für den Warenumschlag und die Lagerung – das spätere **Konzilgebäude** ❶.

Vor dem Konzil

Schon zu Glanzzeiten des antiken Rom war die christliche Missionierung überaus effektiv. Als das Römische Reich schließlich 395 in Ost- und Westrom zerfiel, hatte das **Christentum** bereits seit 15 Jahren den Status der **Staatsreligion.** Aber Erfolg schafft häufig Karrieristen, die sich mehr mit ihrem Aufstieg denn mit Notwendigkeiten befassen. So kam es in der lateinischen Kirche immer wieder zu Streitereien, wer des rechten Glaubens und wer Abweichler sei. Waren die Gegensätze unüberbrückbar, hatte dies ein **Schisma** zur Folge, eine **Kirchenspaltung.** So trennte sich 1054 die orthodoxe Kirche ab und ging ihrer eigenen Wege (Großes Morgenländisches Schisma).

Das **Große Abendländische Schisma** hatte 1378 begonnen, als sich ein Kardinal als Gegenpapst zum Kirchenherrn in Rom aufstellen ließ, 1409 ein weiterer. Noch schockiert von der unwiderruflichen Abtrennung der Orthodoxen versuchte man das Schisma zu heilen – beim **Konzil von Konstanz.**

Das Konzil von Konstanz

Das **einzige Konzil nördlich der Alpen**, auf deutschem Boden, fand 1414 statt. Gewählt hatte man die Stadt wegen ihrer verkehrsgünstigen Lage und der **Neutralität**, die sie sich bei den Querelen zwischen Papst und Gegenpapst bewahrt hatte. 20.000 Besucher kamen in Konstanz zusammen, viele feine Herren, ihre Entourage und ganze Hausstände; man wusste ja nicht, wie lange man in der Ferne bleiben müsse. Bei einer Einwohnerzahl von etwa 6000 Seelen war dies eine gewaltige logistische Herausforderung. Und nicht nur für Kost und Logis war zu sorgen, auch die eine oder andere Kurzweil erwartete die sinnenfrohen Disputanten. Die Konstanzer meisterten diese Herausforderung mit Bravour – in jeder Hinsicht. Eine Zählung während des Konzils dokumentierte 700 Dirnen.

Das Konzil begann am 5. November 1414 auf Betreiben des in Pisa und Bologna agierenden **Gegenpapstes Johannes XXIII.** Im Dezember stieß der römisch-deutsche König **Sigismund** (ab 1433 Kaiser) dazu und verfügte eine neue Geschäftsordnung: Die Kardinäle sollten nicht nach Kopfzahl, sondern nach *nationes* abstimmen. Also hatte jede Nation die gleiche Zahl an Stimmen: Italien, Gallien (Frankreich), Germanica (Deutschland mit Skandinavien, Polen, Litauen, Kroatien, Ungarn und Böhmen), Anglica (England) und Hispanica (Spanien). Damit war der Einfluss der italienischen Kardinäle gebrochen, die ansonsten durch ihre schiere Zahl jede Entscheidung dominiert hätten.

Nachdem sich Gegenpapst Johannes XXIII. nicht an Abmachungen gehalten hatte und geflohen war, erklärte das Konzil seine Absetzung. Im

Jan Hus und das „freie Geleit"

Der Rektor der in ganz Europa berühmten Prager Universität Jan Hus (um 1370–1415) machte auch als Reformator und Prediger Furore, der die Lasterhaftigkeit und Habgier des römischen Klerus anprangerte. Auf der Basis der Lehren des Theologen John Wyclif (1330–1384), der vertrat, dass alles vorherbestimmt sei, legte Hus dar, dass der Papst gerade wegen der Prädestination gar keine Instanz bei Glaubensentscheidungen sein könne, sondern nur die Bibel als Gottes Wort zähle.

Um das Konzil auf eine möglichst breite Basis zu stellen – man wollte die Kirche ja wieder einigen –, lud man die Verfechter aller erdenklichen Positionen ein, um an einer Lösung mitzuwirken – unter anderen auch Jan Hus. Dafür sagte König Sigismund Jan Hus, der bereits exkommuniziert, mit dem Großen Kirchenbann und damit auch der Reichsacht belegt und vogelfrei war, freies Geleit zu: unbeschadet rein – unbeschadet raus. Am Vorabend des Konzils hob Benedikt XIII. auch noch den Kirchenbann auf. Hus predigte drei Wochen lang in Konstanz, dann war es den Kardinälen zu viel. Sie ließen ihn einkerkern.

Freies Geleit? Nun ja, mochte ja sein, dass der König ihm dies versprochen habe, doch das sei ja die weltliche Macht. Jetzt unterstünde Hus der kirchlichen Ordnung und die habe ihm gar

▷ *Steinerne Flammen erinnern an den Feuertod von Jan Hus*

nichts zugesagt. Und selbst wenn! Da er ja Ketzer sei, könne die Kirche ihm so viel versprechen wie sie wolle, wegen seiner generellen Rechtlosigkeit als Häretiker habe dies keine Wirkung.

Jan Hus wurde im Rahmen des Konzils aufgefordert, seine Lehre zu widerrufen. Das tat er nicht und landete am 6. Juli 1415 auf dem Scheiterhaufen. Der Gelehrte Hieronymus von Prag, der Hus zur Hilfe eilte, um ihn zu verteidigen, ging ebenso ins Feuer; er wurde am 30. Mai 1416 auf dem Scheiterhafen verbrannt. Die Kirche vergaß auch nicht, wer an diesem ganzen Schlamassel ihrer Meinung nach ursächlich schuld war – John Wyclif. Man verfügte auch seine Verbrennung. Wie bitte? Der gute Mann war doch schon 30 Jahre tot! So grub man 1428 in England seine Gebeine aus und verbrannte sie.

Das Haus, in dem Jan Hus in Konstanz gewohnt hatte, existiert leider nicht mehr. Das Hus gewidmete Museum (10) befindet sich aber zumindest in einem Gebäude aus jener Zeit.

Und die **längerfristigen Folgen des Konzils?**

- Die römisch-katholische Kirche hatte beim Konstanzer Konzil die große Chance vertan, sich zu reformieren – das übernahmen später andere, darunter Martin Luther.
- Für die Tschechen fungierte das Konzil als Initialzündung für ihr Nationalbewusstsein, Jan Hus wurde zu ihrer Lichtgestalt. In Böhmen stand die Bevölkerung gegen König Wenzel auf, den Bruder von König Sigismund. Beim ersten Prager Fenstersturz 1419 sausten mehrere Ratsherren in die Tiefe, König Wenzel war schockiert und starb, sein Bruder Sigismund kam an seiner statt. Die Böhmen fanden einen wortbrüchigen Mörder („freies Geleit für Jan Hus") als König ziemlich daneben. So begannen die fast 20 Jahre dauernden Hussitenkriege, zu denen die Konstanzer immer wieder Truppen abordnen mussten.
- Auch der Samen für die Geburt des späteren Preußen wurde auf dem Konzil gepflanzt. Die Hohenzollern erhielten am 18. April 1417 von König Sigismund die Mark Brandenburg als Lehen.

070ko-fk

Juli 1415 trat schließlich **Papst Gregor XII.** in Rom mehr oder weniger freiwillig zurück, nachdem der Formalität Genüge getan war, das Konzil nochmals und nun in seinem Namen zu eröffnen.

Nur der **Gegenpapst Benedikt XIII.** in **Avignon** weigerte sich und suchte Zuflucht in Spanien, von wo er allerdings nicht mehr zurückkehrte (1423 starb er dort). Das Konzil einigte sich jedoch erst nach heftigen Disputen im Juli 1417 auf seine Absetzung. Damit war der Weg frei für das Konklave, die Neuwahl des Papstes und das **Ende des Schismas.** Auch für diese Wahl konnte man sich in Teilen auf das Wahlprinzip „Fünf Nationen mit gleicher Stimmenzahl" einigen. Jede Nation stellte sechs Delegierte, hinzu kamen 23 Kardinäle. Das Konklave trat am 8. November 1417 zusammen, drei Tage später wandte sich der neu gewählte **Papst Martin V.** an die Öffentlichkeit. Am 22. April 1418 beendete er schließlich das Konstanzer Konzil, nachdem er noch das eine oder andere erledigt hatte, wie den als Nachfolger von Benedikt XIII. bestimmten Gegenpapst Clemens VIII. zur Abdankung zu zwingen.

Die Entscheidungen des Konzils waren nur möglich geworden, da es sich zu Beginn die Macht verlieh, über den Papst zu urteilen – das ist in der Kirche bis heute ein höchst umstrittenes Vorgehen, weil es die Unfehlbarkeit des Pontifikates in Frage stellt. Ein weiteres spannendes Detail: Ort für das Konklave war das damalige **Kaufhaus,** das so seinen Namen **Konzilgebäude** erhielt, wenngleich die Sitzungen des Konzils nicht dort stattfanden, sondern im Münster.

069ko-fk

Nach dem Konzil

Mit der Austragung des Konzils hatte Konstanz den Zenit seiner Bedeutung erreicht, danach konnte es nur eigentlich noch bergab gehen. Für den **wirtschaftlichen Niedergang** der Stadt im 15. Jh. waren wohl vier Sachverhalte verantwortlich. Erstens ging man seines Hinterlandes verlustig: Der Einfluss auf diese Gebiete war im Schwinden, 1460 übernahmen die Eidgenossen Thurgau als Kanton. Damit hatte St. Gallen einen Wettbewerbsvorteil und übernahm den Leinwandhandel. Zweitens mussten sich die Patrizierfamilien ihre Herrschaft über die Stadt mit den nun erstarkten Konstanzer Zünften teilen, weswegen vermögende Familien exilierten. Drittens verlagerten sich die nordsüdlichen Handelsströme von Konstanz weg in Richtung Westen und verliefen nun über Zürich und Basel. Und viertens: Während des Konzils hatte sich die Wirtschaft immens aufgebläht und in der Stadt war viel zu viel Geld im Umlauf. Schließlich platzte die Blase.

[>] *Badefreuden im Mittelalter, dargestellt im Burgmuseum von Meersburg* 46

[<] *Imperia* 2 *– König und Papst fest im Klammergriff einer „Hübscherin"*

Schweizer

Die **fortdauernden Querelen** mit dem Nachbarn resultierten natürlich aus der Lage von Konstanz am linksrheinischen Ufer, ein Stachel im Fleisch der Eidgenossen, die ihre Grenze am liebsten entlang des Flusses gesehen hätten. Sie hatten sogar Fürsprecher unter den Konstanzern: Mehr oder weniger vom Reich abgehängt, waren so einige gar nicht abgeneigt, sich mit dem Nachbarn zusammenzutun.

1485 kam wieder einmal der Kaiser nach Konstanz. **Friedrich III.** sah nach dem Rechten. Der pompöse Besuch sollte Folgen haben. Zwei Jahre später verlangte der Kaiser, dass sich die schwäbischen Städte (und auch Konstanz) zusammenschließen, um die Situation im Südwesten des Reiches zu festigen. Und das war nicht allein gegen die Schweizer gerichtet. Auch die Städte lagen untereinander im Clinch und die Wittelsbacher - die bayerischen Herzöge - schielten zusehends auf Schwaben. Der **Konstanzer Rat** wehrte sich mit Händen und Füßen gegen den Bund und erklärte dem Kaiser über zwei Jahre hinweg immer wieder, dass die Eidgenossen dies als feindlichen Akt ansähen und einmarschieren würden. Der Kaiser lenkte schließlich ein. Damit hatte der Rat der Stadt wieder alle Optionen: Eidgenossen oder Reich oder (bevorzugt) beides durch Lavieren.

Paradoxerweise besaß Konstanz immer noch die **Gerichtsbarkeit über Thurgau**, was die Situation dann schließlich eskalieren ließ. Ende der 1480er-Jahre hatte Thurgau alle **Juden** des Kantons ausgekehrt. Diese versuchten nun, von außerhalb an ihren Besitz zu kommen und das zuständige Konstanzer Landgericht verhalf den Klägern zu ihrem Recht. Die Eidgenossen schäumten. Im Kanton Uri marschierten 1495 sogar 1000 Freischärler los, um den Konstanzer Richtern Mores zu lehren (was abgewendet werden konnte). Nun rüstete sich Konstanz zur Festung, sogar eine kleine Marine mit zwei Schiffen besorgte man.

Wegen dieser und weiterer Vorkommnisse trat Konstanz im November 1498 dann doch widerwillig dem **Schwäbischen Bund** bei und schwor, nie mit den Schweizern zu paktieren. Sowohl die Schwaben als auch die Eidgenossen versetzten ihre Landsknechte in Alarmbereitschaft.

Der formale Auslöser des **Schwabenkriegs** war ein klassischer Bündnisfall: Graubünden und Tirol stritten über den Grenzverlauf und hetzten ihre Haufen aufeinander. Da Erstere ein Bündnis mit den Eidgenossen, Letztere eines mit Schwaben hatten, waren im Januar 1499 plötzlich alle im Krieg. Am 11. April 1499 verlor der Schwäbische Bund die Schlacht im Schwaderloh bei Triboltingen, 5 km westlich vom Konstanzer Münster, obwohl er in der Übermacht war (6000 Mann gegen 1800 Eidgenossen). Am Abend waren 2000 Schwaben tot, darunter 130 Konstanzer Bürger - die Eidgenossen hatten ihre Truppen zuvor schwören lassen: keine Gefangenen! Auch weitere Schlachten konnten die Schwaben nicht für sich entscheiden und so schloss man am 22. September 1499 Frieden. Konstanz wurde zwar nicht eidgenössisch, für dieses Zugeständnis musste es allerdings die Gerichtsbarkeit über Thurgau an die Eidgenossen abgeben.

Schutzmacht Österreich

Und dann kehrte auch noch **Bischof Hugo von Hohenlandenberg** der Stadt den Rücken. Schon geraume Zeit gab es Spannungen zwischen dem Rat und ihm. 1506 zog er schließlich ans gegenüberliegende Seeufer nach Meersburg 46 und kam nur noch selten nach Konstanz. Und er wollte natürlich sein Vermögen mehren. Mit dem Kaiser handelte er 1510 aus, dass **Reichenau** 28 künftig **Bischofsbesitz** sei.

Der Rat tobte und trat wieder in **Verhandlungen mit den Schweizern:** Es ging um den Beitritt von Konstanz zur Eidgenossenschaft, die Rückübertragung der Landgerichtsrechte und letzlich die Landeshoheit über Thurgau. Nach vielem Hin und Her war der Vertrag unterschriftsreif. Der **Kaiser** wollte sich dies nicht gefallen lassen, kam mit seinen Kriegsknechten und setzte den Rat unter Druck. Die Verhandlungen mit den Schweizern wurden abgebrochen und in seiner Eigenschaft als **Erzherzog von Österreich** nahm der Kaiser die Stadt Konstanz 1511 „für immer und ewig" unter den Schirm des Hauses Österreich als Schutzmacht. Konstanz hatte so de facto seine Privilegien als Freie Reichsstadt verloren und war auch keine Bischofsstadt mehr. Und als wäre das noch nicht genug, brannten im selben Jahr die Türme des Münsters nieder.

Pest und Reformation

Auch wenn der **Schwarze Tod** überall und plötzlich auftauchen konnte, eine der zahlreichen Pestepidemien hatte für Konstanz besondere Folgen: die von 1519. Der Großteil des Magistrats war geflüchtet, der Bischof ebenso, die Geistlichen waren gestorben oder hatten das Weite gesucht – kein Trost für die Bedürftigen und Sterbenden also. Ein einziger stemmte sich gegen das Grauen: **Magister Windner** von der Kirche St. Stephan 13. Nach Seuchenende erhielt er St. Stephan zur Würdigung seiner Taten als Pfarrei. Er war natürlich hoch angesehen und entdeckte – erst für sich, dann für seine Gemeinde – die **reformatorischen Schriften Martin Luthers** (1517 hatte dieser in Wittenberg seine 95 Thesen „veröffentlicht").

1521 wollten Kirche und Staat das **Wormser Edikt**, den Erlass zur Gegenreformation mit der Reichsacht für Luther, auch in Konstanz durchsetzen. Die erbosten Bürger rieten dem beauftragten Probst von Waldkirch, sich zu schleichen. Der Stadtrat begann nun, sich in typisch Konstanzer Manier durchzulavieren, was ihm in den nächsten Jahren auch gelang. Er tendierte allerdings eher zur Reformation, was unter anderem auch daran lag, dass er so **Bischof Hugo** eins auswischen konnte. So band der Rat der Stadt den Klerus nach und nach in die Bürgerrechte und -pflichten ein: Er musste Wachdienst leisten, Steuern zahlen und auf den Rat schwören.

Der Reichstag zu Speyer 1526 überließ es schließlich den Städten, sich für oder gegen die Reformation

Skelett im Archäologischen Landesmuseum 23 in Konstanz

zu stellen. Bischof Hugo wandte sich endgültig von der Stadt ab. 1527 war **Konstanz reformiert**, räumte seine Kirchen beim „Bildersturm“ leer und entließ das erzkatholische Österreich als Schutzmacht.

Da Konstanz nun die **Reichsacht** drohte, warb es für ein Schutzbündnis der protestantischen Städte und Länder gegen Kirche, König und Kaiser. 1529 wollte der nächste Speyrer Reichstag das Wormser Edikt neu auflegen. Die reformierten Städte, darunter Konstanz, legten Widerspruch ein – die **Protestation** – und sind seither protestantisch. Aus diesen Protestanten, erst nur ein Interessenzusammenschluss, entstand 1531 der **Schmalkaldische Bund.** Den gleichnamigen Krieg gegen den Kaiser verlor der Bund aber 1547 und löste sich auf.

Am 6. August 1548, die Versöhnungsverhandlungen hatte der Kaiser für gescheitert erklärt, standen mehrere Tausend spanische Soldateska am nördlichen Rheinufer – die Katholiken waren hochgradig motiviert und zu allem bereit. Es kam zum **Konstanzer Sturm:** Die Landsknechte stürmten über die Brücke, konnten aber das Rheintor nicht einnehmen, zogen sich nach Petershausen [C–D1] zurück und arbeiteten sich in ihrer Frustration an den dort verbliebenen Frauen und Kindern ab.

072ko-fk

Konstanz gab auf und akzeptierte alle Bedingungen. Noch im selben Jahr kam es als südwestlichstes Anhängsel, als tiefste Provinz, zum **habsburgischen Vorderösterreich** und verblieb dort bis 1806. Den Status einer Freien Reichsstadt hob der Kaiser auch formal auf. Die mehrere Hundert Jahre dauernde Eigenständigkeit war also beendet. Und Konstanz war wieder **katholisch.**

Habsburger

Für Konstanz begann eine Zeit der **Stagnation.** Die Obrigkeit versuchte, den Bürgern den Protestantismus gründlich auszutreiben. So ließ sie den katholischen Klerus nach erfolgter Beichte Laufzettel ausgeben, die bei der sonntäglichen Kommunion wieder abzugeben waren – und hatte so einen Überblick über die Folgsamen und weniger Folgsamen.

Auch der **Besuch des Kaisers** in Konstanz 1563 führte nicht zur Erneuerung der Reichsfreiheit, auch wenn der Rat dies erhofft hatte. Während seines Aufenthalts wechselte der Kaiser kein offizielles Wort mit dem Rat. Dieser machte notgedrungen seinen **Frieden mit Österreich** und der Handel entwickelte sich wieder rasant. Im Konzilgebäude musste nun wieder jegliche Ware (bis auf Leinwand und Korn) abgelegt und versteuert werden, bevor sie weiterverkauft werden konnte. Man begann wieder zu bauen und erneuerte u. a. die Rheinbrücke und das Rathaus (11), errichtete eine städtische Kanzlei und zahlreiche Gewerbegebäude. Das Gold- und Silberschmiedehandwerk sorgte ebenso dafür, dass sich die Stadtkasse langsam wieder füllte.

Aber auch seitens der Obrigkeit tat sich einiges. Zu Beginn des 17. Jh.

bauten zwei Orden neue Klöster in Konstanz – die **Kapuziner** und die **Jesuiten.** Wenngleich sie radikal gegenreformatorisch waren, vertraten sie dennoch Prinzipien, die sich ebenso radikal gegen die negativen Auswüchse des mittelalterlichen Katholizismus wandten. Allerdings gab es auch Konflikte. Als die Jesuiten etwa das Fasnachtstreiben (s. S. 92) in der Stadt verbieten wollten, war der Teufel los und das Verbot hinfällig. Die Bürger hatten nun auch wieder Muße für **Kunst und Kultur.** Bildhauer und Maler, Schnitzer und Musiker kamen in die Stadt und fanden hier ihr Auskommen.

Auf der anderen Seite war man jedoch mit dem **Dreißigjährigen Krieg** (1618–1648) konfrontiert, die vermeintlich finale Auseinandersetzung zwischen Reformation und Gegenreformation, die ihren Anfang im **zweiten Prager Fenstersturz** nahm, einem weiteren Aufstand der böhmischen Stände. 1633 standen die protestantischen Schweden vor den Konstanzer Toren. Auch sie vermochten allerdings nicht, in die Stadt einzudringen – das Schwedenkreuz an der Zugangsbrücke von Mainau erinnert heute an dieses Ereignis.

Auch die **Pest** schaute regelmäßig vorbei. Ab Mitte des 16. Jh. bis Ende des 17. Jh. mussten die Konstanzer mit mindestens einer Epidemie pro Dekade rechnen, die schlimmsten wüteten 1566 und 1611. Bei Ersterer starben 1000 von 5000 Bewohnern, Letztere dezimierte die Bevölkerung um 1500 auf 5500 Seelen. Auf der einen Seite waren die häufigen Pestjahre eine wahre Geißel, auf der anderen Seite sind sie ein Beleg dafür, dass Konstanz in dieser Zeit eine Handelsstadt mit vielen Gästen und satten Umsätzen war.

In der ersten Hälfte des 18. Jh. erlebte Konstanz erneut eine Phase des Niedergangs. 1734 war mal wieder Krieg: August der Starke von Sachsen war 1733 verstorben und die Nachkommen zankten sich um die Erbfolge in Polen, doch die vor Konstanz aufmarschierten Franzosen zogen sich wieder zurück. Zehn Jahre später, im **Österreichischen Erbfolgekrieg,** war man nicht so glücklich: Die Franzosen marschierten im Oktober 1744 in Konstanz ein und blieben bis April 1745. Bis Ende des 18. Jh. verfiel und entvölkerte sich die Stadt zusehends. Schließlich lebten hier nur noch 4000 Menschen.

Zwar reformierte die Habsburger Monarchie 1786 das ganze Land im Rahmen der **Josephinischen Reformen,** die auch die Verwaltung von Konstanz umkrempelten. Nun gab es keinen Rat mehr, sondern eine Stadtverwaltung mit einem fachlich versierten Magistrat. Doch die Modernisierung konnte nicht richtig greifen und neuen Wohlstand schaffen. Dafür sorgte das **napoleonische Frankreich.** 1796, 1799 und 1805 fielen die Truppen Napoleons jeweils in Konstanz ein. Die schiere Zahl der unterzubringenden Soldaten strapazierte die Stadtkasse so stark, dass Konstanz letztlich **pleite** war, wozu allerdings auch die Österreicher beitrugen, die jedes Mal nach Rückzug der Franzosen einmarschierten und auch versorgt werden wollten.

Der **Friede von Pressburg** 1806 beendete den zweiten Napoleonischen Krieg, den Österreich und seine Verbündeten mit den Schlachten bei Ulm und bei Austerlitz verloren geben mussten. Die Habsburger hatten ihre südwestlichen Lande an die mit Napoleon kämpfenden Württemberger, Bayern und Badener abzugeben.

Großherzogtum Baden

Konstanz und der Bodenseekreis übernahmen am 27. März 1806 das neu gegründete Großherzogtum Baden. Unter napoleonischen Vorgaben musste sich auch Konstanz reformieren und es begann die Transformation zu einer **bürgerlichen Gesellschaft.** Es gab keinen Fürstbischof mehr, die Klöster wurden säkularisiert und die Zünfte verloren zunehmend an Bedeutung.

Dass man nun aber in ruhigeres Fahrwasser gelangen würde, war eine Illusion. 1809 belagerten die Österreicher Konstanz, 1817 trat der See über seine Ufer und überschwemmte große Teile der Stadt. Konstanz changierte in dieser Zeit zwischen biedermeierlicher Idylle und Hungersnot. Auf dem Bodensee hielt 1831 die **Dampfschifffahrt** Einzug: Es wurde ein Linienverkehr eingerichtet und die ersten Sommerfrischler besuchten Konstanz. Dass man den Konstanzern den **Protestantismus** nie ganz ausgetrieben hatte, zeigte die Taufe des zweiten in der Stadt vom Stapel gelaufenen Ganzeisenschiffes 1840: Es erhielt den Namen „Hus". Die Regierung sorgte aber schnell dafür, dass man es in „Helvetia" umbenannte.

1848 nahm Konstanz an der **Märzrevolution** teil, um die Monarchie zu stürzen. Der **Heckerzug** (benannt nach einem der Hauptprotagonisten der Märzrevolution, der am 12. April 1848 in Konstanz die erste deutsche Republik ausrief) startete mit mehreren Hundert Freischärlern in Konstanz und wollte in Karlsruhe die Republik duchsetzen, was jedoch misslang.

1856 musste die Rheinbrücke nach einem Brand neu errichtet werden, 1863 erreichte die erste **Eisenbahn** Konstanz, die Bürger feierten die Anbindung drei Tage lang. Ein Jahr später stellten sie in Erinnerung an den Reformator Jan Hus (s. S. 100) den **Hussenstein** an seinem mutmaßlichen Sterbeort auf. In den 1860/70er-Jahren mehrten sich die Bemühungen, den **Fremdenverkehr** zu fördern: Ein Verschönerungsverein entstand, man baute Unterkünfte für Besucher und schuf schattige Spazierwege für Erholungsuchende.

Deutsches Reich

Mit den Reparationszahlungen, die Frankreich nach dem verlorenen **Deutsch-Französischen Krieg** 1870/71 an Deutschland zu leisten hatte, gewann die Entwicklung im neu gegründeten Deutschen Reich an Tempo – die **Gründerzeit** begann. 1875 war der Umbau des Klosters auf der Dominikanerinsel 20 zum Hotel abgeschlossen, der Stadtgarten 3 wurde 1879 eingeweiht. Auch von den Krisen, die sich des schnellen Wachstums wegen gegen Ende der etwa zehnjährigen Gründerzeit ergaben, ließ man sich nicht unterkriegen.

Zum Ende des Jahrhunderts hatte Konstanz seine Stadtgrenzen endgültig gesprengt, **repräsentative Bauachsen** waren entstanden. Was früher Dorf gewesen war, wurde zum städtischen Platz. Trotz der **Industrialisierung** und des Baus großer Firmen nahm der Fremdenverkehr eine immer bedeutendere Rolle in der nun etwa 25.000 Einwohner zählenden Stadt ein.

Im Vorfeld des **Ersten Weltkriegs** sollte die Stadt noch ein sinnstiftendes Ereignis erleben. Der badische Großherzog Friedrich I. verbrachte regelmäßig den Sommer auf der Insel Mainau 27; daher war Konstanz **Residenzstadt** seiner Hochwohlgeboren. Als er 1907 auf Mainau sein Leben aushauchte, trauerte ganz Konstanz zutiefst. Dies passte in die Zeit: Auf seine Herrscher bis hoch zum Kaiser ließ man nichts kommen. Ein weiteres Zeichen des Patriotismus war die Einweihung des **Bismarckturms** 25 im Jahr 1912, einem von vielen „Leuchttürmen des Deutschtums" weltweit.

Mit der **Mobilmachung** am 1. August 1914 begann der Erste Weltkrieg. Wie in ganz Deutschland waren die folgenden vier Jahre von Kriegsanleihen, Hunger und Mangelwirtschaft gekennzeichnet. Eine **Sonderstellung** hatte Konstanz wegen seiner Grenzlage. Der Austausch deutscher und französischer Gefangener, die wegen Verletzungen nicht mehr zum Kriegsdienst taugten, fand über die Schweiz in Konstanz statt. Mit Kriegsende im November 1918 waren die unruhigen Zeiten jedoch nicht beendet. **Arbeiter-, Soldaten- und Volksräte** übernahmen in Deutschland für kurze Zeit die Macht, bis sich die Weimarer Republik etablierte.

Weimarer Republik und Drittes Reich

Die Weimarer Republik (1918–1933) stellte die **erste Demokratie** in Deutschland dar. Wie überall war die Gesellschaft auch in Konstanz gespalten: in bürgerlich-rechte Gruppen auf der einen und dem Klassenkampf verschriebene linke Gruppierungen auf der anderen Seite. Sie kämpften nicht nur gegeneinander, sondern zankten auch untereinander. Es folgten Hyperinflation, Massenarbeitslosigkeit, Flucht in die Goldenen Zwanziger und schließlich die **Radikalisierung** der linken und rechten Flügel, Straßenkämpfe, Aufläufe und politisch motivierte Fememorde.

1923 war die NSDAP in Konstanz angekommen und begann mit ihrer Propaganda. Zwar gelang es der Republik, die Hyperinflation zu beenden und deren schlimmste Folgen zu mildern, der Same für den **völkischen Nationalismus** war aber gepflanzt. In Baden hatte sich aber erst einmal eine Koalition aus demokratisch orientierten Parteien bilden können und vermittelte – im Gegensatz zu Preußen – ein Bild relativer Stabilität.

1928 fuhr in Meersburg erstmals ein Automobil auf einer Fähre nach Konstanz, 1929 transportierte sie schon 48.000 Fahrzeuge – die **erste Binnenseeverbindung für Autos** in Europa. Noch im selben Jahr fing die **Weltwirtschaftskrise** an. In Deutschland begann unaufhaltsam der Abstieg der Demokratie und der Aufstieg des Nationalsozialismus. 1933 war die Republik zum Dritten Reich geworden.

Parallel zum nationalsozialistischen Umbau der Gesellschaft wandelte sich Konstanz auch städtebaulich. Ein modernes Strandbad und einer der ersten Autozeltplätze am Ufer des Bodensees enstanden. 1935 öffnete ein 32.000 Zuschauer fassendes Stadion mit dem martialischen Namen „Bodensee-Kampfbahn" seine Tore. Die **Kraft-durch-Freude-Bewegung** vereinnahmte Konstanz. 1937 zählte die Stadtverwaltung 365.000 Gästeübernachtungen. Unschön hingegen fanden die Bürger die große Zahl von Dirnen, die mit dem regen Gästeverkehr einherging.

In der **Reichspogromnacht** am 9. November 1938 zündete die SS die Konstanzer Synagoge an und verbot der Feuerwehr, den Brand zu löschen. Ein Jahr später verhaftete der Zollgrenzschutz den **Widerstandskämpfer Georg Elser**, der von Konstanz aus in die Schweiz flüchten wollte. Hitler entging dem Bombenanschlag in München nur durch Zufall.

Mit dem Einmarsch in Polen im September 1939 begann der **Zweite Weltkrieg**, mit seinem Ende 1945 waren die Nazis besiegt, etwa 6 Mio. Juden und zahllose weitere Menschen – von den Nationalsozialisten als Untermenschen Bezeichnete – ermordet und Deutschland lag in Schutt und Asche. In das im Gegensatz dazu **völlig intakte Konstanz** marschierten französische Truppen am 26. April 1945 ein. Die Flugzeuge der Alliierten hatten die Stadt nie bombardiert, das Schweizerische Kreuzlingen war zu nahe. Bei Angriffen auf Friedrichshafen 48 und Lindau ließen sowohl Kreuzlingen als auch Konstanz ihre Altstadt nachts beleuchtet – so konnten die Zielgeräte der Luftwaffe die beiden Städte nicht voneinander unterscheiden.

Nach Kriegsende begann die **französische Besatzungszeit.** Um ihre Autorität zu festigen, verpasste man den zivilen französischen Beamten Uniformen und verlieh ihnen den Offiziersrang. Die Besatzung lief in Konstanz relativ geregelt ab und es kam – bis auf Diebstähle unter dem Deckmantel der Beschlagnahmung – nicht zu systematischen Übergriffen durch die französischen Soldaten, auch Vergewaltigungen hielten sich wohl in Grenzen. Die Insel Mainau wurde zum Durchgangslager und Hospital für befreite KZ-Häftlinge, bevor sie die Weiterreise in ihre Heimatländer antraten. Bereits im November 1945 verkehrte die Fähre über den Bodensee wieder.

Berühmte Konstanzer

- **Konrad von Konstanz** (um 900–975): Bischof von Konstanz, 1123 erfolgte seine Heiligsprechung
- **Bernold von Konstanz** (um 1050–1100): Geschichtsschreiber des Hochmittelalters
- **Johann von Konstanz** (um 1279–um 1320): Dichter des in Versen abgefassten Briefromans „Minnelehre“, Mitbegründer des Minnesangs
- **Heinrich Seuse** (auch Suso, um 1295–1366): Dominikanermönch und Mystiker, seliggesprochen
- **Ulrich von Richental** (um 1360–1437): Protokollant und Chronist des Konstanzer Konzils
- **Marie Ellenrieder** (1791–1863): badische Hofmalerin (s. S. 27)
- **Friedrich Hecker** (1811–81): Rechtsanwalt und Revolutionär, Anführer des Heckerzugs 1848
- **Johann Martin Schleyer** (1831–1912): Pfarrer im Vorort Litzelstetten, der die Kunstsprache Volapük entwickelte, die – wie das spätere Esperanto – universell sein sollte
- **Ferdinand Graf von Zeppelin** (1838–1917): Erschaffer der gleichnamigen Flugapparate
- **Ernst Sachs** (1867–1932): Erfinder der Torpedo-Freilauf-Nabenschaltung fürs Fahrrad (Fichtel & Sachs AG)
- **Gerda Bormann** (1909–46): Ehefrau des Privatsekretärs von Hitler
- **Werner Maihofer** (1918–2009): Politiker und Bundesinnenminister

073ko-fk

Die **Entnazifizierung** wurde nur mäßig vorangetrieben: Im März 1946 waren von den Beamten der Stadtverwaltung 1% pensioniert, 27% rückgestuft und 67% unverändert im Amt belassen; Entlassungsquote: 5%. Bei den Lehrern allerdings griff man stärker ein, da viele NSDAP-Mitglieder gewesen waren. So kam es in den Nachkriegsjahren zu einem extremen Lehrermangel.

Am 22. September 1946 fanden die **ersten freien Oberbürgermeisterwahlen** seit 1933 statt. Am 24. Dezember 1946 hob die Militärverwaltung die nächtliche Ausgangssperre auf und dem Weihnachtsfest ein Jahr später ging schon wieder ein Adventsmarkt im Konzilgebäude voraus.

Bundesrepublik Deutschland

Am 24. Mai 1949 trat das **Grundgesetz** der Bundesrepublik Deutschland in Kraft. Die D-Mark als Währung war schon ein Jahr zuvor eingeführt worden. Im Rahmen des Marshall-Plans wurden Kredite zur Verfügung gestellt und so die Wirtschaft angekurbelt. Am 14. August 1949 fanden die ersten **Bundestagswahlen** statt, die die CDU bundesweit mit 31%, in Konstanz mit 43% gewann. Noch gehörte Konstanz jedoch zu Baden.

Bei der Aufteilung des Deutschen Reiches in Besatzungszonen kamen Nord-Baden und Nord-Württemberg unter amerikanische, Süd-Baden und Süd-Württemberg unter französische Verwaltung. Es begann nun ein erbittertes Ringen: Sollte es einen Zusammenschluss dieser beiden Zonen geben? Bei einer Volksabstimmung im Dezember 1951 entschied sich die Mehrheit dafür – das heutige **Baden-Württemberg** war entstanden.

1966 war wieder ein einschneidendes Jahr für Konstanz. Die **Uni** 26 gründete sich als **Reformuniversität** mit einem zentralen Campus und nach dem Prinzip, die einzelnen Fakultäten nicht mehr klassisch zu trennen, sondern mit durchlässigen Grenzen zu organisieren und als Fachbereiche zusammenzufassen, um Interdisziplinariät zu gewährleisten. Die Universität Konstanz und die 1906 gegründete **Hochschule für Technik, Wirtschaft und Gestaltung** haben sich im Laufe der Jahre einen ausgezeichneten Ruf erworben und prägen die Stadt bis heute.

Im Jahr 1978 verließ die letzte französische Militäreinheit die Stadt. 1980 wurde die **zweite Rheinbrücke** fertiggestellt und 1983 das **Seerhein-Center** (s. S. 86) eröffnet.

Das Triptychon „Ludwigs Erben" von Peter Lenk (s. S. 57) porträtiert die Führungselite der Bundesrepublik

Leben am Bodensee: Rastplatz auf der Insel Mainau 27

Gegenwart

1993: Aufstellung der Imperia 2 von Peter Lenk (s. S. 21) am Hafen (unter Protest des Stadtrats)

2001: Einweihung der Konstanzer Moschee

2010: Ein Großbrand in der Altstadt geht glimpflich aus.

2014: Beginn der vier Jahre andauernden Feierlichkeiten zum 600. Jahrestag des Konzils

2020: Das Theater Konstanz erhält nach experimentierfreudigen Jahren mit Intendant Nix und Schauspieldirektor Zurmühle eine neue Intendantin. Karin Becker soll das Theater in ruhigere Fahrwasser führen.

2020: Bei der Oberbürgermeisterwahl liegen die Kandidaten Pantisano (Linke) und Burchardt (CDU) mit 38,3 bzw. 35,8 nahezu gleichauf. Die Stichwahl gewinnt der bisherige OB Uli Burchardt.

2021: Nach den durch Corona verursachten wirtschaftlichen Einbrüchen erleben Gastronomie und Hotellerie im Herbst einen neuen Aufschwung.

074ko-fk

Leben in Konstanz

Nur wenige Städte Mitteleuropas können von sich behaupten, dass sie so eng in die Geschicke und Geschichte der jeweiligen Herrscher eingeflochten waren wie Konstanz. Fast kein großpolitisches Ereignis ließ Konstanz unbeeindruckt und einigen konnte die Stadt sogar ihren Stempel aufdrücken.

Auch kann kaum eine Stadt von sich behaupten, so lange unabhängig gewesen zu sein und durch geschickte Verhandlungen den Wohlstand seiner Bürger so gemehrt zu haben, wie es bei Konstanz der Fall ist. Die Konstanzer sind also zurecht **stolz** auf ihre Vergangenheit – und wer den Namen einer der uralten Konstanzer Familien trägt, die schon im Mittelalter als Ratsmitglieder wirkten, ist doppelt stolz.

Ein zahmes Meer vor den Toren, das sanfte Klima und köstlicher Wein auf der einen Seite, eine strenge Arbeitsmoral und die Kenntnis um die Notwendigkeiten des Lebens auf der anderen Seite: **Gemütlicher Badener** und **fleißiger Württemberger** – das sind die beiden Pole, zwischen denen der Konstanzer oszilliert. Geht das? Ja, sehr gut sogar, man ist ja trainiert.

In der bewegten Geschichte der Stadt musste man immer wieder **Kompromisse** eingehen, seine Stellung klären zwischen Eidgenossen und Badenern, Österreich und Deutschem Reich, zwischen den Händlern aus dem tiefen Süden und denen aus dem hohen Norden, zwischen weltlicher Macht und kirchlichen Forderungen, zwischen Katholizismus und Protestantismus, zwischen Zünften und Patriziern. Man kann daran zerbrechen, der Konstanzer ist jedoch daran gewachsen. Er ist, selbst wenn er seine Stadt nie verlassen hat, hochgradig polyglott – wer geht auch schon in die Fremde, wenn die Fremde zu ihm kommt? Das **Publikum** in der Stadt ist seit Anbeginn **international**, die Händler stammen aus Italien, ja sogar aus der Türkei und Portugal, die Fürsten aus Frankreich und Böhmen oder die Kardinäle aus Kroatien und Polen. Zwar reisten ab und an auch ungeladene Gäste an (wie die Spanier oder die Schweden), die sich mitunter auch recht unmanierlich benahmen – dennoch ist man zurechtgekommen. Und hat sich dabei nicht verbogen. So **kompromissbereit** man war, wusste man doch immer genau, dass zu einem Kompromiss zwei Seiten gehören, die Zugeständnisse machen müssen. War die andere Seite dazu nicht bereit, sind die Konstanzer stachelig geworden – das mussten Händler erfahren, Bischöfe und auch Fürsten. Und man hat aus einer Not eine Tugend gemacht. Bereits zu Beginn des 19. Jh. sorgten die Konstanzer für die Grundlage des heutigen Wirtschaftserfolgs, indem sie sich dem **Fremdenverkehr** zuwandten.

Handelt der Konstanzer also immer aus reinem Geschäftssinn? Was ist mit der **Kultur**, dem Spaß? Auch die kamen und kommen nicht zu kurz: Sei es das älteste durchgängig bespielte Theater Deutschlands, Sommerkonzerte im Stadtgarten 3 oder eine **Fasnacht** (s. S. 92), die sich gewaschen hat. Die Konstanzer verstehen es zu leben und wissen, wann man über die Stränge schlagen darf und wann nicht – und genau dann ist man ein Konstanzer aus echtem Schrot und Korn.

Rund **16.500 Studenten** lernen in Konstanz an Universität 26 und Hochschule – bei einer Bevölkerungszahl von etwa 85.000 Menschen. Trotzdem zählt Konstanz nicht zu den deutschen Städten mit einem der niedrigsten Durchschnittalter, weil es in den letzten Jahren einen starken Bevölkerungszuwachs durch den **Zuzug älterer Bürger** verzeichnete, die ihre Rente im milden Klima des Bodensees genießen wollen. Dennoch prägen die Studenten das Stadtbild auf erfrischende, verjüngende Weise. Und sie beleben die Kneipenszene ungemein – wobei die traditionellen Weinstuben in Konstanz schon immer eine bedeutende Rolle spielten. Ist das Wetter schlecht, weicht man unter die Gewölbe aus, doch an lauen Abenden tun die Konstanzer nichts lieber, als ihre Freisitze und Terrassen zu füllen.

Was der **Bodensee** im Frühling und Sommer an **mediterranem Lebensgefühl** vermittelt, das nimmt er den Anrainern oft im Herbst und Winter. Häufig steigt feuchte Luft vom See auf und bildet eine aufs Gemüt schlagende Nebeldecke, die die Sonne nicht mehr zu durchdringen vermag. Dann eilen die Menschen mit gebeugtem Kopf durch die Gassen und versuchen, der ungastlichen Feuchte zu entkommen. Der eine oder andere bekommt dann richtig üble Laune, die aber spätestens am Abend in der Weinstube bei einem *Achtele* wieder verfliegt.

PRAKTISCHE REISETIPPS

075ko-fk

An- und Rückreise

Wer nicht die weitere Umgebung erkunden will, kommt **ohne Auto** gut zurecht und kann mit dem **Zug** oder der **Bodenseeschifffahrt** (s. S. 130) anreisen. Konstanz ist überschaubar, eine Besichtigung bestens **zu Fuß** möglich und die **Busverbindung** für den Pflichtbesuch auf der Insel Mainau 27 ebenso hochfrequent wie bequem.

Mit dem Auto

Konstanz ist mit dem Auto von Norden aus dem **Stuttgarter Raum** erst über die Autobahn, dann über Bundesstraßen hervorragend erreichbar; wer aus **Lindau** kommt, fährt zunächst am Seeufer entlang, bevor er bei Meersburg 46 die Fähre nach Konstanz nehmen kann.

Die **Autobahn A81** verbindet als Nord-Süd-Verbindung die A8 (München – Karlsruhe) bei Stuttgart (160 km) mit dem Autobahnkreuz Hegau, von dem aus die vierspurig ausgebaute **Bundesstraße B33** bis nach **Allensbach** weiterführt, 22 km vor Konstanz. Ab Allensbach verläuft die Bundesstraße dann zweispurig.

Von **München** (225 km) gelangt man auf der **A96** nach Memmingen, wo die A7 aus **Ulm** (120 km) hinzustößt, und weiter nach Lindau. Im Berufsverkehr kann die Fahrt von **Lindau** nach Norden auf der B31 (45 km plus Fähre) mühsam sein, denn häufig kommt es zu Staus und unter Umständen verdoppelt oder verdreifacht sich die Fahrzeit.

Wer aus der **Schweiz** anreist, hat es am bequemsten, schließlich verläuft die Grenze direkt bei Konstanz. Die Schweizer Autobahn aus **Zürich** (70 km) – erst A1, ab Winterthur A7 – endet genau dort.

Österreicher, die nicht gerade aus Vorarlberg oder dem Innsbrucker Raum kommen, sondern aus **Wien** (700 km) oder **Graz** (650 km), werden in der Regel die Strecke ab Salzburg auf der deutschen A8 über München wählen.

Mit dem Zug

Die Bahnfahrt ab **Stuttgart** dauert je nach Zug 2,5–3 Std. und kostet im Sparpreis um die 25 € (etwa stündliche Verbindungen). In Singen (Hohentwiel) muss prinzipiell umgestiegen werden, Direktverbindungen gibt es nicht. Von **München** aus dauert die Fahrt ca. 4 Std. (Sparpreis um 30 €), zweimaliges Umsteigen ist das Minimum (in Ulm und Radolfzell).

076ko-fk

◁ *Vorseite: Eine Brücke nur für Radfahrer und Fußgänger*

△ *Mit dem Zug „Seehas" fährt man bequem entlang des Bodenseeufers*

Ab **Zürich** fährt man in knapp eineinhalb Stunden stündlich ohne Umsteigen nach Konstanz (16,50 SFr). Wer den Zug aus **Innsbruck** nimmt, fährt idealerweise über Zürich, ansonsten müsste er vier- bis fünfmal umsteigen.

Mit dem Bus

Durch die besondere Lage von Konstanz ist es für aus Regionen östlich des Bodensees kommende Reisende günstiger, den Bus zu nehmen. Flixbus bietet zum Beispiel ab **München** eine **Direktverbindung** mit zweistündigem Takt für ca. 18 €, Fahrtdauer ca. 3½ Std. (ohne Staus). Ab **Stuttgart** sind es 2½ Std. (um 14 €) und ab **Zürich** 1 Std. (13 SFr). Die Busse halten südwestlich der Altstadt, ganz nah an der Schweizer Grenze.

•140 [A5] **Haltestelle Fernbusse,** Döbeleplatz

› www.flixbus.de

› www.busliniensuche.de

Autofahren

Wer in Konstanz ankommt, sollte sein Fahrzeug so schnell wie möglich abstellen. Es ist für die Erkundung der Altstadt keinesfalls notwendig, vielmehr stört es nur. Vorab einen Parkplatz bei seiner Unterkunft zu reservieren, ist übrigens eine hervorragende Idee.

Parkplätze sind in der Konstanzer Altstadt und drumherum Mangelware, das Parkplatz-Regime mit Überwachung ist ausgesprochen streng.

Konstanz besitzt allerdings ein **elektronisches Parkleitsystem** mit Wegweisern, die in Echtzeit über die verfügbaren Stellplätze auf den Parkflächen informieren. Am **günstigsten** ist das Parken an der westlichen Rheinbrücke (Bodenseeforum), hier gibt es zudem einen Shuttlebus.

P141 [A3] **Parkhaus Altstadt,** Untere Laube 26, www.konstanz.de, 6.30–19 Uhr 1 €/30 Min., max. 18 €/Tag, 20–8 Uhr 0,80 €/Std., max. 4 €/Nacht, 359 Stellplätze

P142 [B5] **Parkhaus Augustiner,** Bruderturmgasse, www.konstanz.de, 8–20 Uhr 1,50 €/Std., max. 18 €/Tag, 288 Stellplätze

P143 [C4] **Parkhaus Fischmarkt,** Salmannsweilergasse 1, www.parkhaus-fischmarkt.de, 8–20 Uhr 1,50 €/Std., max. 18 €/Tag, Nachttarif max. 4 €, 158 Stellplätze

› **Parkhaus LAGO Shopping-Center** (s. S. 86), 7–20 Uhr bis 5 Std. 1,50 €/Std., dann 3 €, 20–7 Uhr 1 €/Std., 24 Std. 24 €, 930 Stellplätze

P144 [C5] **Parkhaus Marktstätte,** Dammgasse 3, www.parkhaus-konstanz.de, 1 €/30 Min., max. 20 €/Tag, 282 Stellplätze

P145 [ci] **Parkplatz Bodenseeforum,** Grenzbachstr., 3 €/Tag, 5 €/Tag mit Busfahrt in die Stadt und zurück für die ganze Familie (Linie 4/13 und 13/4, Haltestelle Rheinbrücke, tagsüber halbstündlich), 500 Stellplätze

P146 [A5] **Parkplatz Döbele,** Grenzbachstr., www.konstanz.de, 8–20 Uhr 1,50 €/Std., max. 18 €/Tag, gebührenpflichtige Zeit für Busse und Wohnmobile 0–24 Uhr, 335 Stellplätze

Elektroautos parken in einigen Gemeinden des Landkreises Konstanz kostenlos, in Konstanz hingegen nicht. Man muss sich allerdings beim Landkreis vorab eine **„Blaue Plakette"** besorgen (was bei einem Kurzurlaub meist zu aufwendig wäre).

Parkplätze mit Ladestation:

› **Besucherparkplatz auf der Insel Mainau** 27

› **Parkhaus Altstadt** (s. S. 115)

P147 [bh] **Parkplatz Stadtwerke,** Max-Stromeyer-Str. 21

› **Parkhaus des Lago Shopping Center** (s. S. 86)

Barrierefreies Reisen

Die Stadt Konstanz legt Wert darauf, dass auch Menschen mit Bewegungshandicap die Stadt ohne Begleitung und auf eigene Faust entdecken können.

So gibt es Vorschläge für bestimmte **Besichtigungsrouten**, die Rollstuhlfahrer auch alleine unternehmen können: vom Bahnhof zum Hafen, Konzilgebäude 1 und Stadtgarten 3 – vom Bahnhof zum Münster 17 und weiter durch die Gassen des ältesten Viertels Niederburg – zum Shoppen in den Einkaufsbereich der Innenstadt – zum Archäologischen Landesmuseum 23.

Der **Hauptbahnhof** ist auf den Gleisen 1, 2 und 3 mit Hebebühnen ausgestattet. Ein Mobilitätsservice ist vorab anzumelden:

› **Mobilitätsservice Hauptbahnhof,** Tel. 01806 512512 (0,20 €/Anruf aus dem Festnetz)

Auch die städtischen **Buslinien** sind auf Rollstuhlfahrer und Sehbehinderte eingerichtet. Alle Fahrzeuge besitzen eine Absenkungsmöglichkeit und eingebaute Rampen. Die Haltestellen werden automatisch per Lautsprecher durchgesagt.

Beim **Schiffsverkehr** sind folgende Linien barrierefrei: Katamaran Friedrichshafen – Konstanz (zwei Rollstuhlplätze, barrierefreies WC), Fähre Meersburg – Konstanz („Tábor" und „Lodi" mit Aufzug zum Oberdeck und barrierefreiem WC, andere Schiffe nur barrierefreier Zugang), sonstige Bodenseeschifffahrt (alle Schiffe mit barrierefreiem Zugang und WC, außer „Uhldingen", „Konstanz", „Reichenau", „Baden"; Zugang zum Oberdeck per Lift auf „Lindau", „Graf Zeppelin" und „Überlingen").

Für die Besichtigung der Innenstadt stellt die Touristinformation drei einfach zu bedienende **Elektromobile** zur Verfügung (je angefangene Stunde 5 €).

Geldfragen

Konstanz ist für Touristen kein besonders teures Pflaster, aber auch nicht ganz billig. Insbesondere die **Nähe der Schweiz** hat zu **Preissteigerungen** in den Grenzgebieten geführt, da die Nachbarn in Deutschland wesentlich günstiger einkaufen können und die Geschäfte in Konstanz für Einkäufe des täglichen Bedarfs nutzen. Auch die Vermieter von **Unterkünften,** insbesondere in der Altstadt und deren Nähe, lassen sich zum Teil recht deftig entlohnen. Um das zu umgehen, muss man sein Domizil am Stadtrand oder außerhalb buchen. Mit 120–140 € pro Person und Tag sollte man bei einer Reise zu zweit auskommen, wenn man Museen besucht und sich sonst (bis auf die Unterkunft) nicht allzu sehr bescheidet, sprich gut essen geht.

Wechselkurs

1 €	1,06 SFr
1 SFr	0,94 €

(Stand: Dezember 2021)

Aktuelle Angaben stehen u. a. auf www.oanda.de.

Konstanz preiswert

- **Kostenfalle Handy:** Als Erstes sollte man sein Mobiltelefon so einstellen, dass es sich nicht automatisch ins Schweizer Netz einwählt – das kommt nämlich wegen der Nähe der Schweizer Funkmasten häufig vor. So spart man schon eine Menge Geld, denn die Schweizer Mobilfunkunternehmen rechnen nur teilweise und nur mit einigen deutschen Anbietern über EU-angepasste Roaming-Tarife ab.
- **Freier Eintritt in Museen:** generell im Hus-Haus 10, jeden ersten Sa. im Monat im Archäologischen Landesmuseum 23, jeden ersten So. im Monat und jeden Mi. ab 14 Uhr im Rosgartenmuseum 7, zwischen 1. Advent und Dreikönigstag im Zunftsaal des Rosgartenmuseums mit der Krippenausstellung
- **Gratis-Konzerte:** an einigen Samstagen im Jahr um 17 Uhr in der Lutherkirche (s. S. 30), ab und an in der Musikschule Konstanz (Benediktinerplatz 6, www.mskn.org) und bei Rock am See (s. S. 92), allerdings nur für Zuhörer aus der Ferne, die sich mit einer Decke am Hörnle hinsetzen – laut genug ist die Musik jedenfalls.
- **Freie Sicht aufs Feuerwerk:** Den krönenden Abschluss des Konstanzer Seenachtfests (s. S. 91) erlebt man ohne Eintritt am rechtsrheinischen Ufer vom Seeuferweg aus oder aber aus weiter Entfernung mit Panoramaperspektive vom Bismarckturm 25.
- **Bodensee-Erlebniskarte:** Die Erlebniskarten gibt es in mehreren Varianten sowie als Sommer- und Winterkarte. Je nach Ausgabe hat man freien Eintritt bei vielen Ausflugszielen (Ausnahme u. a. Insel Mainau 27!) sowie in den Museen der Vier-Länder-Region und genießt freie Fahrt mit der Bodensee-Schifffahrt (im regulären Linienbetrieb). Die Bodensee Card Plus im Sommer kostet für drei Tage 72 € (Kinder 43 €), für sieben Tage 114 € (Kinder 69 €), bis 6 Jahre ist sie kostenlos. Sie ist bei den Tourist-Informationen (s. unten), an den Kassen der Schiffsanlegestellen und online auf der Website www.bodensee.eu erhältlich.

Kurtaxe

Konstanz erhebt eine Kurtaxe (ab der zweiten Nacht 2,50 €). Der Vermieter zieht sie bei Unterkunftsbezahlung ein. Der Meldeschein dient auch als **Gästepass,** mit dem man **Vergünstigungen** in touristischen Einrichtungen in Konstanz und rund um den Bodensee erhält. Außerdem ist ein Gutschein zur **kostenlosen Stadtbusbenutzung** (s. S. 130) enthalten.

Informationsquellen

Infostellen vor Ort

148 [C5] **Tourist-Information Konstanz,** Bahnhofplatz 43 (im Bahnhof), Tel. 07531 133030, www.konstanz-info.com, Mo.–Fr. 9–18.30, Sa. 9–16, So. 10–16 Uhr, Nov.–März nur Mo.–Fr.

- Die **Tourist-Informationsbüros der Umgebungsziele** stehen direkt bei den jeweiligen Orten im „Entdecken"-Kapitel.

Konstanz im Internet

- **www.konstanz-info.com:** offizielle Website der städtischen Touristeninformation mit vielen nützlichen Hinweisen
- **www.konstanz.de:** offizielle Internetpräsenz der Stadtverwaltung mit Informationen zur Stadt und Links zum Tourismus
- **www.bodensee.de:** offizielle Site des Bodensee Tourismus- und Marketing-Verbandes
- **www.stadtfuehrungen-konstanz.de:** Zusammenschluss verschiedener Konstanzer Stadtführer
- **www.stadtfuehrer-konstanz.de:** weiterer Verbund lokaler Stadtführer
- **www.grenzenlos-studieren.de:** Tipps für Studenten zum Ausgehen, Einkaufen, Nachtleben, Ausflügen u. v. m.

Publikationen und Medien

Der **Südkurier** (www.suedkurier.de) mit Sitz in Konstanz ist die größte Tageszeitung am Bodensee und enthält einen Konstanzer Lokalteil. Sie erscheint werktäglich, die Auflagenhöhe beträgt 110.000 Exemplare. Die großen deutschen **Tageszeitungen** liegen im Lesesaal der Stadtbibliothek (s. S. 119) öffentlich aus.

Das Neue Radio Seefunk (www.im-sueden.de/das-neue-radio-seefunk) ist der größte kommerzielle Sender am Bodensee mit Sitz in Konstanz und auf UKW, über Kabel und als Internetradio zu empfangen. Sein Programm umfasst viel Popmusik, immer wieder unterbrochen vom Regio-Report mit Lokalnachrichten und News zum internationalen Geschehen.

Smartphone-Apps

- **Südkurier Online:** App mit Nachrichten zum lokalen Tagesgeschehen (kostenlos für Android und iOS)

077ko-fk

- **Future History:** Sieben unterschiedlich lange Stadttouren lassen das mittelalterliche Konstanz wieder auferstehen (kostenlos für Android und iOS).
- **Mein Konstanz:** Die App der Stadtwerke informiert u. a. über Fahrpläne und Beförderungsmöglichkeiten im öffentlichen Nahverkehr (kostenlos für Android und iOS).

Internet

Konstanz bietet Einwohnern und Besuchern einige **WLAN-Hotspots** im Innenstadtbereich für die kostenlose und unproblematische Nutzung eines Highspeed-Netzes. Dazu muss man nur den **Zugang „KonstanzWLAN"** suchen und die Geschäftsbedingungen akzeptieren (die erste aufgerufene Seite darf nicht https-verschlüsselt sein!). Zugangspunkte sind z. B. Bahnhofplatz, Hafen, Stadtgarten 3, Marktstätte 6 (auf Höhe Brotlaube) und Rosgartenstraße (auf Höhe Marktstätte). Ein Verzeichnis findet sich auf www.stadtwerke-konstanz.de/telekommunikation/konstanzwlan.

In der **Stadtbibliothek** stehen zehn Computerarbeitsplätze mit Office-Software und Druckmöglichkeit zur Verfügung; außerdem kann man dort auch – nach Vorlage eines Identitätsdokumentes – kostenfrei das bibliothekseigene WLAN nutzen.

149 [B3] **Stadtbibliothek,** Wessenbergstr. 39, beim Kulturzentrum, Tel. 07531 900953, www.stadtwerke-konstanz.de/telekommunikation/konstanzwlan, Di.–Fr. 10–18.30, Sa. 10–14 Uhr, Kurzrecherche kostenlos (20 Min.), sonst 1 €/30 Min. plus Druckkosten

LGBT+

Die **LGBTIQ-Szene** von Konstanz ist überschaubar, aber durchaus lebendig und in puncto Informationsangebot auch rege und relativ aktuell.

› **Infos:** www.gaybodensee.de, www.queer-lake.net

› **Christopher Street Day:** Alle zwei Jahre (2023, 2025 …) organisiert die Szene Mitte des Jahres eine Demonstration, den **CSD am See** (https://csd-konstanz-kreuzlingen.de). Den Abschluss bildet eine große Party.

150 [bi] **Belladonna** €, Oberlohnstr. 3 (Neuwerk), Tel. 07531 61951, www.belladonna-konstanz.de, Fr. ab 21 Uhr. Bar für Lesben (women only). Treffpunkt mit Anspruch und neben dem Barbetrieb mit zahlreichen weiteren Veranstaltungen wie Partys, Lesungen und Filmabende.

› Treffpunkte der Community sind auch Klubs wie **Berry's, P-Club** und die **Rheinterrasse** (s. S. 84).

Unsere Literaturtipps

› **Bodensee-Krimis:** Auch das Schwäbische Meer bleibt nicht verschont von Mord und Totschlag. Diverse Autoren beschäftigen sich in ihren Krimis mit der dunklen Seite des Idylls: **Walter Christian Kärger** verbindet Wasserleiche und Kindesentführung in **„Der Tote aus dem See"** zu einem spannenden Puzzle (Emons Verlag 2020). **Matthias Moor** ruft in seinem jüngsten Werk gleich einen **„Fischerkrieg am Bodensee"** aus (Emons Verlag 2021). Spannend und historisch ist der Fall in **„Das Vermächtnis des Konstanzer Kräuterbuchs"** von **Marcel Rothmund** (Gmeiner Verlag 2021).

› **Der Garten von Hermann Hesse. Von der Wiederentdeckung einer verschwundenen Welt,** Eva Eberwein, DVA 2016. Hesse hatte den Garten seines Wohnhauses gestaltet – was daraus wurde, vermittelt dieses Buch.

› **Konstanzer Konzilgeschichte(n),** Ulrich Büttner/Egon Schwär, Stadler 2015. Die kleinen, feinen Anekdoten rund um das Konstanzer Konzil lassen das Mittelalter wieder lebendig werden.

› **Stadtgeschichte Konstanz** (in sechs Bänden), Helmut Maurer et al, Stadler 1996. Monumentalwerk zur Historie der Stadt, das überhaupt nicht trocken daherkommt, sondern ausgesprochen unterhaltsam ist.

In Konstanz ist vielerorts kostenloses WLAN verfügbar – die Hotspots sind mithilfe dieser roten Schilder erkennbar

Medizinische Versorgung

Krankenhaus

151 [di] **Klinikum Konstanz,** Luisenstr. 7, Tel. 07531 8010, www.glkn.de, angeschlossenes Facharztzentrum

Apotheken

152 [di] **Bodan-Apotheke,** Alter Wall 11, Tel. 07531 65405, www.bodan-apotheke-konstanz.de, Mo./Di./Do./Fr. 8–13 u. 14.30–18.15, Mi./Sa. 8.30–12.30 Uhr

› **Malhausapotheke** (s. S. 89)

153 [B5] **Rosgarten Apotheke,** Rosgartenstr. 16, Tel. 07531 12829910, www.rosgarten-apotheke.de, Mo.–Fr. 8.30–18, Sa. 9–16 Uhr

078ko-fk

Mit Kindern unterwegs

Ungeachtet der Tatsache, dass Konstanz so geschichtsträchtig ist, ist die Stadt keineswegs ein Reiseziel, das nur Kulturbeflissene glücklich macht. Das Angebot für Familien mit Kindern ist fast ebenso groß. Besonders empfehlenswert ist eine für Familien gestaltete **Stadtführung,** die den Kleinen allerlei Spannendes über Konstanz nahebringt (buchbar bei der Tourist-Information, s. S. 117).

Das **Archäologische Landesmuseum** 23 hat mit seinen **Playmobil-Installationen** unter dem Dach einen hohen Unterhaltungswert für Kinder: Die kleinen Figuren sind mal als Kelten, mal als Römer und mal als Konstanzer aus dem Mittelalter gestaltet – sie sind allerdings bislang **nur im Winterhalbjahr** zu besichtigen. Das Aquarium **Sea Life** 4 fasziniert die Kleinen mit Tausenden Fischen, Muscheln, Seepferdchen und Tintenfischen.

Die **Strandbäder** (s. S. 124), vor allem jene mit Rutschen und Spielplätzen, locken Familien im Sommer an die Ufer des Bodensees und des Seerheins. Wenn das Wetter nicht mitspielt, bleibt immer noch die Bodensee-Therme Konstanz. Eine **Schifffahrt** (s. S. 127 u. S. 131) ist nicht nur für Eltern erholsam, auch die meisten Kinder genießen das Schippern über den Bodensee.

Konstanz besitzt eine ziemlich hohe Dichte an **Spielplätzen,** die auch für kleinere Kinder geeignet sind, ausgestattet mit Rutschen, Schaukeln und Sandkästen. In der Altstadt liegen die Plätze u. a. im Stadtgarten 3, auf

Auf dem Affenberg Salem (s. S. 68) ist immer Fütterungszeit

081ko-fk

Klein-Venedig beim Sea Life und im Stadtteil Paradies beim Palmenhaus (s. S. 75).

Das **Theater Konstanz** (s. S. 85) bringt Stücke für Kinder auf die Bühne (Infos s. www.theaterkonstanz.de, unter „Junges Theater").

Wenn nach langem Sitzen im Auto die Füße unruhig werden, ist ein Ausflug ins **Kinderland** auf der **Insel Mainau** 27 mit seinen riesigen Spielflächen ideal: Es gibt eine Wasserwelt mit Insel, Pfahlbausiedlung, Hütten, Türmen, Hängebrücken, Flößen und Fähre oder „Blumis Uferwelt" für die 3- bis 6-Jährigen mit Kletternetzen, Balancierbalken und vielen Entdeckungsmöglichkeiten. Für die ganz Kleinen ab einem Jahr ist mit dem Zwergendorf ebenfalls gesorgt.

Besonders spannend ist sicherlich ein Ausflug zum **Affenberg Salem** (s. S. 68) am östlichen Seeufer in der Nähe von Schloss Salem 45. Über 200 Berberaffen lassen sich hier aus nächster Nähe beobachten. Angeschlossen ist zudem ein großer Spielplatz. Ist man schon einmal auf der anderen Seeseite, kann man z. B. noch das **Pfahlbau Museum Unteruhldingen** 44 besuchen oder in Friedrichshafen 48 den **Zeppelin** für eine erlebnisreiche **Rundfahrt** besteigen (s. S. 72).

Und wem das noch nicht reicht, dem sei das Kinderprogramm des **Planetariums in Kreuzlingen (CH)** ans Herz gelegt (für Kinder ab 8 Jahren):

154 Planetarium, Breitenrainstr. 21, Kreuzlingen, Tel. 0041 716773800, www.planetarium-kreuzlingen.ch, Mi. u. Fr.–So. immer nachmittags 2–3 Aufführungen, Dauer: 45 Min.–1 Std., 12 SFr, Kinder 6/8 SFr, Familien 26 SFr

Paradies für kleine Gäste: der große Abenteuerspielplatz auf der Insel Mainau 27

Notfälle

Notrufnummern

- **Polizei:** Tel. 110
- **Feuerwehr/Rettungsdienst:** Tel. 112
- **Ärztlicher und zahnärztlicher Bereitschaftsdienst:** Tel. 116117
- **www.kzvbw.de/zahnarzt-notdienst/konstanz** (Info, welcher Zahnarzt Notdienst hat)
- **Apotheken-Notdienst:** www.aponet.de (bzw. Aushang der Apotheken)

Polizei

155 [D1] **Polizeipräsidium Konstanz,** Benediktinerplatz 3, Tel. 07531 9950, https://twitter.com/polizeikonstanz

Fundbüro

Auf der **Website** http://fundsuche02.kivbf.de kann man prüfen, ob ein verlorener Gegenstand im Bürgerbüro oder bei einer Gemeinde in der Umgebung abgegeben wurde (auch als mobile Version für das Smartphone verfügbar). Es sind nicht alle deutschen Städte erfasst, Konstanz ist aber dabei.

•156 [B3] **Fundbüro der Stadt Konstanz/Bürgerbüro,** Untere Laube 24, Tel. 07531 9002749, Mo. 7.30–17, Di.–Fr. 7.30–12.30 Uhr

- **Fundservice der Bahn:** Tel. 0900 1990599 (0,59 €/Min. aus dem Festnetz, Mo.–Sa. 8–20, So. 10–20 Uhr)

Kartensperrung

Bei **Verlust der Debit/Giro, Kredit- oder SIM-Karte** gibt es für Kartensperrungen eine **deutsche Zentralnummer** (unbedingt vor der Reise klären, ob die eigene Bank diesem Notrufsystem angeschlossen ist). **Aber Achtung:** Mit der telefonischen Sperrung sind die Karten zwar für die Bezahlung/Geldabhebung mit der PIN gesperrt, nicht jedoch für das **Lastschriftverfahren mit Unterschrift.** Man sollte daher auf jeden Fall den Verlust zusätzlich **bei der Polizei zur Anzeige bringen,** um gegebenenfalls auftretende Ansprüche zurückweisen zu können.

In **Österreich** und der **Schweiz** gibt es keine zentrale Sperrnummer, daher sollten sich Besitzer von in diesen Ländern ausgestellten Debit-(EC-) oder Kreditkarten vor der Abreise bei ihrem Kreditinstitut über den zuständigen Sperrnotruf informieren.

Generell sollte man sich immer die **wichtigsten Daten** wie Kartennummer und Ausstellungsdatum **separat notieren,** da diese unter Umständen abgefragt werden.

- **Deutscher Sperrnotruf:** Tel. +49 116116 oder Tel. +49 3040504050
- **Weitere Infos:** www.kartensicherheit.de, www.sperr-notruf.de

Post

157 [C4] **Postfiliale Altstadt,** Marktstätte 4, Mo.–Fr. 8.30–18, Sa. 9–13 Uhr, mit Postbank

Radfahren

Auch in Konstanz prägen Radfahrer zunehmend das Stadtbild und es gibt sogar die sogenannte **Fahrradbrücke** (die Radler mit Fußgängern teilen), um an das rechtsrheinische Ufer und nach Petershausen zu kommen. Aber nicht nur Einheimische sind mit dem Drahtesel unterwegs, auch Touristen erkunden die Region gern per pedales.

KURZ & KNAPP

Bodensee-Radweg

Vielleicht ist der Radweg ja so beliebt, weil er nur ganz **wenige Steigungen** aufweist und man fast durchgängig **am Seeufer** entlangradelt: Ohne Abstecher vom See weg sind auf der Gesamtstrecke von 260 km nur 300 Höhenmeter zu überwinden. Jedes Jahr machen sich 220.000 Radler auf den Weg und nächtigen in einer der über 100 als radlerfreundlich ausgewiesenen oder in einer anderen der zahlreichen Unterkünfte. Die 260 km soll der eine oder andere auch schon an einem Tag geschafft haben. Die meisten trainierten Radler werden sich aber drei Tage Zeit nehmen und wer es gemütlicher angehen möchte, bucht fünf oder sechs Übernachtungen – man will ja schließlich in den Städten auch was sehen. Bei Bedarf kann man die Strecke einfach mit der Bodenseeschifffahrt (s. S. 130) abkürzen. Wem das Radeln mit Gepäck zu viel ist, der bestellt von April bis Mitte Okt. (am Vortag bis 12 Uhr) den **Gepäckservice,** der die Radtaschen abholt und abends am gewünschten Hotel abgibt – das Angebot eignet sich aber nur für jene, die den See im Uhrzeigersinn umkreisen.

› **Bodensee-Radweg,** Tel. 07531 8199329, www.bodensee-radweg.de, Transport je Tasche/Koffer 11 € (bis 4 Taschen, dann je 2 €)

Der **Bodensee-Radweg** (s. o.) soll nicht nur der beliebteste Radweg Deutschlands, sondern gleich der ganzen Welt sein. Eine schöne Teilstrecke führt übrigens von Konstanz zur Reichenau 28, ebenfalls empfehlenswert ist der **Rhein-Radweg** nach Stein am Rhein 37 – beide verlaufen fast durchweg auf vom Autoverkehr separierter Spur.

080ko-fk

Radtransport

Alle Schiffe der **Bodenseeschifffahrt** (s. S. 130) nehmen Fahrräder mit: die Fähren Konstanz – Meersburg und Friedrichshafen – Romanshorn, der Linienverkehr Überlingen – Wallhausen und der Katamaran (die Solarfähre am Untersee nur mit Einschränkung). Die **Schweizer Schiffe** auf dem **Untersee** können Räder zwischen Reichenau und Schaffhausen bauartbedingt nur beschränkt transportieren.

Mit dem Rad von Konstanz auf die Insel Reichenau 28

Radverleih

› **FreizeitCenter Reichenau** (s. S. 52), Trekkingrad ab 15 €/Tag, E-Bikes ab 30 €/Tag, auch Kinderräder, Fahrrad-Anhänger und Kindersitze ausleihbar.

•159 [A5] **Indigo Bike,** Kreuzlinger Str. 2, in der Unterführung am Schnetztor, Tel. 07531 2846664, www.indigo-konstanz.de, Di.–Fr. 9–19, Sa. bis 17 Uhr, Werkstatt bis 15.30 Uhr. Reparaturen, sicheres Abstellen und Radverleih. Stadt-Trekking-Rad 13 €/Tag, E-Bike 20 €/Tag.

•160 [C5] **Kultur-Rädle,** Bahnhofplatz 43, Tel. 07531 27310, www.kultur-raedle.de, Mo.–Fr. 9–12.30 u. 14–18 Uhr, Stadt- und Trekking-Räder ab 13 €/Tag, E-Bikes ab 25 €/Tag

Sicherheit

Konstanz gehört zu den **sichereren Städten** Deutschlands. Die Gefahr, Opfer einer Straftat zu werden, liegt etwa 20–25 % unter dem Risiko, das man etwa in Stuttgart hat. Allerdings sollte man, wie überall, allgemeine Sicherheitsvorkehrungen beachten und z. B. vermeiden, das eigene Auto vollbeladen und unbewacht abzustellen, öffentlich mit größeren Summen Bargeld zu hantieren etc.

Sport und Erholung

Bäder in Konstanz

Infos zu allen Hallen- und Freibädern der Stadt finden Interessierte hier:

› www.konstanzer-baeder.de

S161 [fj] **Bodensee-Therme Konstanz,** Wilhelm-von-Scholz-Weg 2, Tel. 07531 8032700, www.therme-konstanz.de, Thermalbad tgl. mit kurzen Unterbrechungen 9–22, Freibad Mai–Sept. tgl. 9–22 Uhr, 12,50 €/3 Std., Kinder 10 €. Wasserlandschaft mit Thermalwasser und Einrichtungen wie Sprudelbecken, Eltern-Kind-Bereich und Kleinkinderlebniswelt (Verweildauer im Mineralwasser beachten!).

S162 [C1] **Rheinstrandbad,** Spanierstr. 7, Tel. 07531 66268, Mai/Sept. tgl. 10–20, Juni–Aug. tgl. 10–21 Uhr, 3,50 €, Kinder 2,60 €. Im kühlen Wasser des Seerheins mit Blick auf die Altstadt und im Stil der 1930er-Jahre baden. Mit Kinderbecken, Spielplatz und gesichertem Badebereich im Fluss für die etwas Größeren. Fazit: natürliche Gegenstromanlage.

S163 [fi] **Strandbad Horn („Hörnle"),** Eichhornstr. 100, Tel. 07531 63550, Mitte Mai–Mitte Sept., Eintritt frei. Größtes Strandbad am Ende der Konstanzer Bucht mit 600 m Ufer, Liegewiese, Kiosk, Spielplatz, Klettergerüst, Trampolin, Toiletten, Duschen und Umkleide.

Bäder außerhalb

S164 [aj] **Seerheinbad Zellersguet,** Badistr., Tägerwilen, CH (am Südufer des Seerheins, ca. 1,5 km von der Grenze), Tel. 0041 716693366, www.badi-info.ch/tg/taegerwilen.html, frei zugänglich (Nachtruhe ab 22 Uhr). Strandbad mit Liegewiese, Dusche, WC, Spielplatz, Grillstellen, Fussball- und Beachvolleyballfeld, Badeinseln und 3-Meter-Sprungturm.

S165 [S. 50] **Strandbad Baurenhorn,** Strandbadstr. 5, Reichenau, Tel. 07534 7448, Mitte Mai–Mitte Sept., Eintritt frei. Strandbad in der Gnadenseebucht auf der Insel Reichenau mit Liegewiese und

› *Ideal für eine Abkühlung: das Strandbad Mettnau in Radolfzell* 32

079ko-fk

einem Kinderstrand, Badefloß, Spielplatz und Gaststätte, WC, Duschen und Umkleide.

S166 Strandbad Bodman, In Neustückern 4, Bodman-Ludwigshafen, Tel. 07773 5408, www.strandbad-bodman.de, Mai–Mitte Sept. 9–20 Uhr, 2,50 €, Kinder 1 €. Strandbad mit Liegewiese, Duschen, WC, Umkleide, Kicker, Volleyball, Spielplatz und Bootsverleih.

S167 Strandbad Dingelsdorf, Zum Klausenhorn 121, Dingelsdorf, Tel. 07533 5311, Mitte Mai–Mitte Sept., Eintritt frei. Baden am Überlinger See neben dem Naturschutzgebiet mit großer Liegewiese, Kiosk, Spielplatz, WC, Duschen und Umkleide.

S168 Strandbad Litzelstetten, Am See 44/46, Litzelstetten, Tel. 07531 43166, Mitte Mai–Mitte Sept., Eintritt frei. Strandbad nördlich der Insel Mainau mit Liegewiese, Kiosk, Spielplatz, WC, Duschen und Umkleide.

S169 Strandbad Mettnau, Strandbadstr. 100, Halbinsel Mettnau/Radolfzell, Tel. 07532 10232, Mitte Mai–Mitte Sept. 8–21 Uhr, Eintritt frei. Strandbad mit Sandstrand, WC, Duschen, Umkleide, Spielplatz, Tischtennis, Boccia, Volleyball, Restaurant und Kiosk.

S170 Strandbad Wallhausen, Uferstr. 39, Tel. 07533 9977164, Mitte Mai–Mitte Sept., Eintritt frei. Strandbad mit Liegewiese, Sandstrand, Minigolf, WC, Duschen und Umkleide.

Bootsvermietung

S171 [D4] **Bootsvermietung Marc Fluck,** Konzil/Gondelhafen, Konstanz, Tel. 07533 21881, Ostern–Mitte Okt. tgl. 11–19 Uhr (witterungsabhängig), Elektroboot (führerscheinfrei) um 35 €/Std., Tretboot 12,50 €/halbe Std. bis 2 Pers., 16 €/Std. für 4 Pers.

Golf

S172 Golf-Club Konstanz, Hofgut Kargegg 1, Allensbach, Tel. 07533 93030, www.golfclubkonstanz.de. 1930 gegründet und seit 1965 an seiner jetzigen Stelle über dem See. Herausfordernder 18-Loch-Platz (5943/5125 m, Par 72, Greenfee 85–105 €) mit viel Wald und Wasserhindernissen.

Touren

Stadtführungen

Konstanz bietet eine ganz Reihe von Stadtführungen zu den unterschiedlichsten Themen an, die sich über die **Tourist-Information** der Stadt (s. S. 117) buchen lassen (auch online möglich), teils ist eine Voranmeldung erforderlich. Weiter unten folgt eine Auswahl besonders empfehlenswerter Stadttouren. Infos:

› www.konstanz-info.com (unter „Stadtführungen"), Tel. 07531 133026, konkrete Termine auf der Website

082ko-fk

Klassiker

› **Gegenwart der Vergangenheit – klassischer Rundgang:** die Konstanz-Highlights in konzentrierter Form, 120 Min., 10 €, Treffpunkt Tourist-Info

› **Unterirdische Ausstellung – die Kastellruine am Münsterplatz:** Einblick ins römische Konstanz, April–Okt. jeden So. 18 Uhr, 60 Min., 1 €, Treffpunkt Münsterplatz/Pyramide

› **Erneuerbare Energien** ✿: Eine spannende Führung zu einem topaktuellen Thema, das in Konstanz eine große Rolle spielt. In etwa 2 Stunden am besten mit dem Fahrrad, geführt von einem Online-Flyer (https://erneuerbare-energien-konstanz.de).

› **Wände erzählen Geschichte – kostbare Wandmalereien in Konstanz:** zu unbekannten Fresken in Privathäusern, 120 Min., 10 €, Treffpunkt Tourist-Info

Inszenierte Führungen/ Konziljubiläum

› **Auf den Spuren des Konzils – von Päpsten, Ketzern, Kurtisanen:** alles Wichtige über das Konzil, 120 Min., 10 €, Treffpunkt Tourist-Info

› **Heiliger oder Ketzer? Mit Jan Hus auf Spurensuche:** Warum musste der Reformator sterben?, 12 €, Treffpunkt Tourist-Info

› **Pfaffen, Ketzer Kurtisanen – mit der Imperia durchs Mittelalter:** So deftig ging es zu beim Konzil, 12 €, Treffpunkt Tourist-Info

Für Kinder ab 12 Jahren

› **Mit der Laterne auf Spuren düsterer Geschichte(n):** Gruseltour mit dem Henker, 90 Min., 18 €, Treffpunkt Münsterplatz

Informativ und unterhaltsam: Nachtwächterführung in Konstanz

Schifffahrt und Führung

Kombitickets für eine Hin- und Rückfahrt nach Konstanz per Schiff von zahlreichen Bodenseeorten und den klassischen Rundgang „Gegenwart der Vergangenheit" waren zum Zeitpunkt der Aktualisierungsrecherche (Ende 2021) nicht verfügbar, sollen aber wieder angeboten werden. Aktuelle Infos auf www.bsb.de.

Historische Fähre

Die „**Konstanz**" nahm 1928 als erste Autofähre überhaupt auf einem europäischen Binnengewässer ihre Arbeit auf. Irgendwann sollte sie verschrottet werden. Ein Verein hat sich ihrer 2012 angenommen, sie vorzüglich restauriert und unternimmt mit ihr – angetrieben von 2 mal 90 PS und mit gemütlichen 17,5 km/h – in den Sommermonaten **Nostalgiefahrten mit Musik,** aber auch **Sonnenaufgangsfahrten mit Frühstück.** Wenn die „Konstanz" nicht gerade unterwegs ist, kann man sie bei der Imperia 2 vor Anker bestaunen.

› www.historische-faehre-konstanz.de, Preise je nach Tour, erhältlich direkt an Bord oder bei der Tourist-Information Konstanz

Unterkunft

In Konstanz stehen fast 3200 Betten in **Hotels** aller Preisklassen, in **Pensionen** und bei **privaten Vermietern** zur Verfügung; jedes Jahr verzeichnet man rund 650.000 Übernachtungen. Ob man das Zentrum oder eine ruhige Randlage bevorzugt, das kleine Haus oder den großen Luxus präferiert – in Konstanz wird man garantiert fündig. Wer mit seinem Wohnmobil oder mit dem Zelt anreist, findet schöne **Campingplätze** am Seeufer. Die Tourist-Information (s. S. 117) bietet auf ihrer Website einen **Online-Buchungsservice** an:

› www.konstanz-info.com (Planen&Buchen/Übernachten)

Gut und günstig

173 [bh] **Andys Hostel** €, Fürstenbergstr. 104, Tel. 0152 01757272, http://andyshostel.de. **Familiäre Bleibe:** Sehr saubere Zimmer unterschiedlicher Größe (Bettwäsche inklusive, aber Handtücher sind mitzubringen) mit Etagenbad. Nette Gastgeber.

174 [bh] **Aqua** €-€€, Opelstr. 6 g, Tel. 07531 127370, www.aqua-hotel.de. **Ohne Chichi:** Modernes Hotel bzw. Hostel mit 35 Doppel- und 20 Mehrbettzimmern, jeweils mit Dusche/WC, einfach, aber zweckmäßig eingerichtet. Angeschlossen ist ein günstiges Buffet-Restaurant mit Mittag- und Abendessen.

175 [bi] **B&B** €€, Line-Eid-Str. 2, Tel. 07531 36440, www.hotel-bb.com. **Modern, sauber, günstig:** Zimmer mit allem Nötigen – nicht mehr und nicht weniger. Wer es jung und unkompliziert mag, ist hier richtig. Die Buslinie 6 vom/zum Zentrum hält genau vor dem Haus.

176 **Burghof über dem See** €-€€, Burghofweg 50, Konstanz-Wallhausen (auf halbem Weg nach Bodman), Tel. 07533 934555, www.burghof-wallhausen.de. **Burgfeeling am Seeufer:** 1661 errichteter Burghof in absolut ruhiger Lage fünf Gehminuten vom See. Zimmer mit Etagenbad und WC. Angeschlossen ist die Burgschänke (s. S. 85) mit schönem Biergarten.

177 **Gasthaus Seeschau** €€, Zur Schiffslände 11, Tel. 07531 5190, www.gasthaus-seeschau.de. **Gemütlich am See:** Die einfache, gemütliche Pension liegt außerhalb, nordöstlich von Konstanz, dafür aber direkt am See. Eine Liegewiese gehört mit zum Angebot, ebenso Restaurant und Terrasse. Die Zimmer sind mit eigenem oder Gemeinschaftsbad buchbar.

Aktiv und sportlich

178 [eg] **DJH Otto-Moericke-Turm Konstanz** €, Zur Allmannshöhe 16, www.jugendherberge.de, Tel. 07531 32260. **Beim Wasserturm:** 180 Betten in vorwiegend Vier-Bett-Zimmern mit eigenem Bad, viele Freizeitangebote, radlerfreundlich und behindertengerecht, mit Restaurant, 1 km vom Fährhafen Staad.

Besonders gut gelegen

179 [B4] **Barbarossa** €€€, Obermarkt 8–12, Tel. 07531 128990, www.hotelbarbarossa.de. **600 Jahre Tradition:** In der Altstadt mit großer Terrasse gesegnet, gehört das Barbarossa zu den beliebtesten Unterkünften. Es gibt ein gutes Restaurant (Weinstube, s. S. 79) und im Stauferkeller im Winter freitags Jazzabende. Dass es 1419 erstmals als Tanzboden erwähnt wurde, sieht man ihm übrigens nicht an.

180 [B4] **Graf Zeppelin** €€€, St.-Stephans-Platz 15, Tel. 07531 6913690, www.hotel-graf-zeppelin.de. **Historismus mit Komfort:** Nahe dem Balkon, von dem Hecker im Jahr 1848 die Republik ausrief, wohnt es sich im 1903/1904 nach einem Brand neu errichteten Hotel von außen gesehen wie zu Kaisers Zeiten, von innen betrachtet komfortabel und modern.

Preiskategorien

Preis für ein Doppelzimmer ohne Frühstück:

€	bis 60 €
€€	60–100 €
€€€	100–150 €
€€€€	über 150 €

Buchungsportale

Neben Buchungsportalen für **Hotels** (z. B. www.booking.com, www.hrs.de oder www.trivago.de) bzw. für **Hostels** (z. B. www.hostelworld.de) gibt es auch Anbieter, bei denen man **Privatunterkünfte** buchen kann. Portale wie www.airbnb.de, www.wimdu.de oder www.9flats.com vermitteln Wohnungen, Zimmer oder auch nur einen Schlafplatz auf einer Couch. Diese oft recht günstigen Übernachtungsmöglichkeiten sind nicht unumstritten, weil manchmal normale Wohnungen gewerblich missbraucht werden. Einige Städte greifen deshalb regulierend ein.

181 [C4] **Hotel am Fischmarkt** €€, Zollernstr. 8, Tel. 07531 455825, www.hotel-fischmarkt.com. **Mit Kneipenanschluss:** Einige Zimmer mit, einige ohne eigenes Bad, logiert man hier mitten im Geschehen über der Weinstube zum Guten Hirten. Das historische Gebäude in der Altstadt stammt aus dem 17. Jahrhundert.

Wohlfühlen und genießen

182 **Hirschen Horn** €€€€, Kirchgasse 3, 78343 Gaienhofen-Horn, Tel. 07735 93380, www.hotelhirschen-bodensee.de. **Entschleunigung pur:** Das idyllisch auf der Halbinsel Höri gelegene Haus verbindet perfekten Komfort in Haupt- und Nebenhäusern mit höchsten kulinarischen Genüssen.

183 [C5] **Hotel Halm** €€€, Bahnhofplatz 6, Tel. 07531 1210, www.hotel-halm.de. **Edles mit orientalischem Pfiff:** Seit dem Jahr 1874 empfängt man Gäste

direkt am Bahnhof. Ideal für jeden, der Luxus mit zentraler Lage verbinden und im kleinen Wellnessbereich entspannen möchte. Besonderer Leckerbissen: Der Maurische Saal mit dem Lokal Le Marrakech (s. S. 78).

184 **Hotel St. Elisabeth** €€€, Konradistr. 1, Allensbach, Tel. 07533 93662000, www.st-elisabeth-hegne.de. **Klosterhotel:** Das Ferienhotel neben dem Kloster Hegne ist zwischen freundlich-modern und streng-elegant gestaltet. Es gibt auch einfache Zimmer für Pilger. Der Clou: Privatstrand am See.

185 **Ko'Ono** €€-€€€, Martin-Schleyer-Str. 19, Tel. 07531 361900, www.koono.de. **Südsee trifft Schwäbisches Meer:** Bunt, etwas schrill, schick – die Zimmer verschiedener Kategorien sind originell eingerichtet, über allem weht hawaiianischer Surfergeist. Im Restaurant Burger satt. Einziger Wermutstropfen: Es liegt außerhalb.

186 [S. 50] **Mohren** €€€-€€€€, Pirminstr. 141, Reichenau, Tel. 07534 99440, www.mohren-bodensee.de. **Entspannte Ferien:** Schicke, modern ausgestattete und eingerichtete Zimmer, dazu ein sehr gutes Restaurant (s. S. 55).

187 [C3] **Steigenberger Inselhotel** €€€€, Auf der Insel 1, Tel. 07531 1250, www.steigenberger.com. **Komfortabel mit Kreuzgang:** Im Dominikanerkloster direkt am See schlürft man nachmittags Tee und spätabends Whiskey, stets umgeben von perfekt geschultem Personal. Selbstredend genießt man in den Zimmern allerhöchsten Luxus.

Für die ganze Familie

188 [S. 50] **Haus Insel Reichenau** €€€, Markusstr. 15, Reichenau, Tel. 07534 99550, http://familienferien-freiburg.de (unter „Haus Insel Reichenau"). **Kinder sind hier die Könige:** Das hübsch und modern gestaltete Haus direkt am See ist spezialisiert auf Familienferien und bietet vielerlei Anregungen, sportliche Aktivitäten und Kinderbetreuung. Preise mit Vollpension.

Campingplätze

189 **Camping Hegne** €, Nachtwaid 1, Allensbach, Tel. 07533 9493913, http://camping-hegne.de, Mitte März–Mitte Okt. **Zelten am See:** Unterhalb des Klosters Hegne unmittelbar am Wasser gelegen. Günstiges Terrassenrestaurant, auch Mietcaravans.

190 **Campingplatz Klausenhorn** €, Hornwiesenstr. 40/41, Dingelsdorf,

083ko-fk

Das Domizil des Konstanzer Hotels Graf Zeppelin entstand kurz nach der Jahrhundertwende

Tel. 07533 6372, www.camping-klausenhorn.de, April–Sept. **Campingdorf mit allem Komfort:** Direkt am Seeufer mit Strandbad und behindertengerechten Einrichtungen. Zur Wahl stehen auch Mietwohnwagen und Schlaffässer. Backshop auf dem Platz.

Verkehrsmittel

Bus

Ein **Liniennetzplan** befindet sich auf dem **Faltplan** dieses Buches. Die **Einzelfahrt** im Bus kostet 2,55 €, für Kinder 1,45 €, eine 6-Fahrten-Karte 14,10/7,80 € und ein 20-Fahrten-Block 44/25 €. Für unter Zwanzigjährige gibt es noch eine 4-Fahrten-Karte für 8 €. Eine **Tageskarte** für 5 € beziehungsweise 10 € für Familien rechnet sich also schnell. In jedem Fall muss das Ticket für jede Fahrt entwertet werden (Tagesticket bei der ersten Fahrt).

Die **Kombikarte „Bus und Fähre“** (Buslinie 15) kostet 11,30 €, Kinder zahlen 6,10 € bzw. fahren in Begleitung eines Elternteils kostenlos. Damit kann man einmal mit dem Bus zur Anlegestelle, mit der Fähre nach Meersburg 46 und wieder zurückfahren.

Zu später Stunde verkehren „Lumpensammler“-Busse zum speziellen **Nachtschwärmertarif** für 3,50 €/Fahrt (Studenten und Schüler 3 €), die Tageskarte ist in diesen Bussen nicht gültig. Da die Nachtschwärmerlinien während der Corona-Epidemie ausgesetzt wurden, sind aktuelle Informationen zur Zeit (Stand Ende 2021) nicht verfügbar. Alles Wissenswerte steht auf www.stadtwerke-konstanz.de/mobilitaet/bus/fahrplaene/nachtschwaermer.

Am **Parkplatz Bodenseeforum** (s. S. 115) kostet das Tagesticket fürs Parken und die Busfahrt in die Stadt und zurück (Busringlinie 4/13 u. 6, P&R Linie) für die gesamte Familie 5 €.

Schwarzfahren wird mit 60 € zuzüglich Fahrschein geahndet.

Die **Haupt-Bushaltestelle** für die Omnibusse im Stadtgebiet und die Linien ins Hinterland befindet sich an der seeabgewandten Seite des Bahnhofs am Bahnhofplatz.

Einzel-, Mehrfahrten- und Tageskarten sind an ausgewählten Kiosken sowie an einigen Haltestellen an Fahrkartenautomaten erhältlich. Bei längerem Aufenthalt lohnt sich die Installation der kostenlosen „Mein Konstanz“-App mit der Funktion „Handyticket“ (für iOS und Android).

•191 [bh] **Kundenzentrum der Stadtwerke Konstanz,** Max-Stromeyer-Str. 21 a, Tel. 07531 8032000, www.stadtwerke-konstanz.de/mobilitaet, Mo.–Mi./Fr. 8–16.30, Do. 8–18 Uhr

Schiff

Die **Bodenseeschifffahrt (BSB)** verbindet praktisch alle Städte am See und die unteren Seerheinstädte von Stein am Rhein 37 bis Schaffhausen miteinander.

Die Konstanzer **Haltestelle** des Passagier-Liniendienstes befindet sich am Hafen (Imperia-Mole) in der Nähe des Bahnhofs:

•192 [D4] **Bodensee-Schiffsbetriebe GmbH,** Hafenstr. 6, Tel. 07531 36400, www.bsb.de, Hauptsaison Mai–Okt. tgl. 7.45–18, Winter Mo.–Fr. 8.20–12.30 u. 13.15–16.40, Sa. 8.20–13.40 Uhr, sonst 8.45–17 Uhr

Das östliche Seeufer und **Meersburg** erreicht man mit der **Fähre** vom 4 km

084ko-fk

nördlich der Konstanzer Altstadt liegenden Hafen in **Staad** [fh]. Die Fähre Konstanz – Meersburg wird von den Konstanzer Stadtwerken betrieben. Die **Tickets** kosten je nach Entfernung ab 5,60 €, Kinder zahlen die Hälfte (s. auch Kombikarte „Bus und Fähre" S. 130). Daneben gibt es eine weitere Fährverbindung zwischen dem Schweizerischen Romanshorn und Friedrichshafen 48.

Es gibt am See zahlreiche Angebote für **Ausflugsfahrten** oder man steigt einfach aufs Linienschiff und lässt sich treiben. Von Konstanz aus kann man z. B. in der Saison auf mehreren Fahrten täglich und auf einem Rundkurs den **Überlinger See** entdecken (Tagesticket 19 €).

Zug

Die **Schweizer S-Bahn S14** verkehrt tagsüber etwa alle 20 Min. zwischen Konstanz und dem Schweizerischen Kreuzlingen (Richtung Weinfelden, 2–3 Min., 2,50 SFr). Außerdem gibt es Interregio-Züge von Konstanz nach Kreuzlingen (Richtung Zürich).

Die **S-Bahn S8** verbindet Kreuzlingen werktags etwa halbstündlich mit Stein am Rhein (in Kreuzlingen umsteigen, 40 Min., Einzelfahrt 6 SFr).

Mit dem **Zug „Seehas"** der SBB sind Engen, Singen, Radolfzell 32, Allensbach, die Insel Reichenau 28 und Konstanz untereinander tagsüber im Halbstundentakt verbunden. Für die Strecke **Konstanz – Radolfzell** braucht der Zug ca. 15–25 Min. (Fahrpreis: 4,50 €).

Taxi

Einen **Taxistandplatz** findet man am **Bahnhof.** Zu den größten Taxiunternehmen vor Ort zählt der Anbieter **Taxi-Dornheim:**

› Tel. 07531 67777 (24-Std.-Service)

Ein Passagierdampfer der Bodenseeschifffahrt legt in Überlingen 40 an

Wetter und Reisezeit

Eigentlich ist Konstanz das ganze Jahr über ein lohnenswertes Reiseziel. Am schönsten ist die Entdeckung der Stadt natürlich im **Frühjahr**, wenn die Natur auf der Insel Mainau 27 erwacht, die Besucher mit ihrer Blütenpracht in Entzücken versetzt.

Wer **baden** will, muss natürlich den **Hochsommer** wählen, sollte aber bedenken, dass dies die **Hauptreisezeit** ist. Dann transportieren die Bodenseeschiffe Tausende Ausflügler in die Stadt und auf der Uferpromenade und in der Altstadt kann es schon mal recht eng werden.

Die **kältere Jahreszeit** ist mitunter stark von den vom See aufsteigenden **Nebeln** geprägt. Diese Nebelbänke können zwar schon in Kirchturmhöhe enden, sind aber manchmal sehr hartnäckig. Dann sollte man sich bei seinem Besichtigungsprogramm eher auf den Besuch von Museen und Kirchen konzentrieren. Wer sich jedoch von dem feucht-grauen Eindruck nicht abhalten lässt, kann der Natur durchaus etwas abgewinnen, etwa während eines Spaziergangs am Seeufer oder auf der Insel Reichenau 28.

Durchschnitt	Wetter in Konstanz											
Maximale Temperatur	2°	4°	8°	13°	17°	21°	23°	22°	19°	14°	7°	3°
Minimale Temperatur	– 5°	– 4°	–1°	3°	7°	10°	12°	12°	9°	4°	0°	– 4°
Regentage	16	15	13	14	15	16	16	15	13	12	14	14
Wasser-temperatur	5°	4°	6°	10°	14°	18°	22°	23°	21°	18°	12°	7°
	Jan	Febr	März	Apr	Mai	Juni	Juli	Aug	Sept	Okt	Nov	Dez

☒ *Das heutige Staatsweingut von Meersburg 46 gehörte einst den Konstanzer Fürstbischöfen*

ANHANG

065ko-fk

Register

Gartenmesse im Park von Schloss Salem 45

086ko-fk

Impressum

Daniela Schetar, Friedrich Köthe

CityTrip Konstanz

2., neu bearbeitete und aktualisierte Auflage 2022

ISBN 978-3-8317-3508-2

Printed in Germany

Druck und Bindung:
mediaprint solutions GmbH, Paderborn

Herausgeber: Klaus Werner
Layout: amundo media GmbH (Umschlag, Inhalt), Peter Rump (Umschlag)
Lektorat: amundo media GmbH
Karten: Ingenieurbüro B. Spachmüller, amundo media GmbH
Anzeigenvertrieb: KV Kommunalverlag GmbH & Co. KG, Alte Landstraße 23, 85521 Ottobrunn, Tel. 089 928096-0, info@kommunal-verlag.de
Kontakt: Osnabrücker Str. 79, 33649 Bielefeld, info@reise-know-how.de

Alle Angaben in diesem Buch sind gewissenhaft geprüft. Preise, Öffnungszeiten usw. können sich jedoch schnell ändern. Für eventuelle Fehler übernehmen Verlag wie Autoren keine Haftung.

Bildnachweis

Umschlagvorderseite: stock.adobe.com © Sina Ettmer | Umschlagrückseite: Klaus Werner | Umschlagklappe rechts: Friedrich Köthe
Soweit ihre Namen nicht vollständig am Bild vermerkt sind, stehen die Kürzel an den Abbildungen für die folgenden Fotografen, Firmen und Einrichtungen. Friedrich Köthe: fk | fotolia.com: fo

Liste der Karteneinträge

Hier nicht aufgeführte Nummern liegen außerhalb der abgebildeten Karten. Ihre Lage kann aber wie die von allen Ortsmarken im Buch mithilfe der Web-App angezeigt werden (s. S. 143).

Zeichenerklärung

1	Hauptsehenswürdigkeit
[C4]	Planquadrat
	Bar, Klub, Treffpunkt
	Bibliothek
	Biergarten, Pub, Kneipe
	Burg, Schloss
	Busstation
	Café
	Denkmal
	Fähre
	Fischrestaurant
†	Friedhof
	Geschäft, Kaufhaus, Markt
	Hotel, Unterkunft
	Imbiss, Bistro
	Informationsstelle
	Jugendherberge, Hostel
	Kirche
	Krankenhaus, Arzt
	Leuchtturm
	Museum
	Musikszene, Disco, Klub
P	Parkplatz
	Pension, Bed & Breakfast
	Polizei
	Post
	Restaurant
★	Sehenswürdigkeit
●	Sonstiges
S	Sport-/Spieleinrichtung
	Theater
	Vegetarisches Restaurant
	Weinlokal
	Shoppingareal
	Gastro- und Nightlife-Areal
	Stadtspaziergang (s. S. 15)

Konstanz mit PC, Smartphone & Co.

QR-Code auf dem Umschlag scannen oder **www.reise-know-how.de/citytrip/konstanz22** eingeben und die **kostenlose Web-App** aufrufen (Internetverbindung zur Nutzung nötig)!

★**Anzeige der Lage und Satellitenansicht aller** beschriebenen Sehenswürdigkeiten und weiteren Orte
★**Routenführung** vom aktuellen Standort zum gewünschten Ziel
★**Exakter Verlauf** des empfohlenen Stadtspaziergangs
★**Updates** nach Redaktionsschluss

GPS-Daten zum Download

Die GPS-Daten aller Ortsmarken und des Spaziergangs können hier geladen werden: www.reise-know-how.de, dann das Buch aufrufen und zur Rubrik „Datenservice" scrollen.

Stadtplan für mobile Geräte

Um den Stadtplan auf Smartphones und Tablets zu nutzen, empfehlen wir die App „Avenza Maps" der Firma Avenza™. Über die Funktion „Store" kann die „Citymap Konstanz 2022" kostenlos geladen werden.

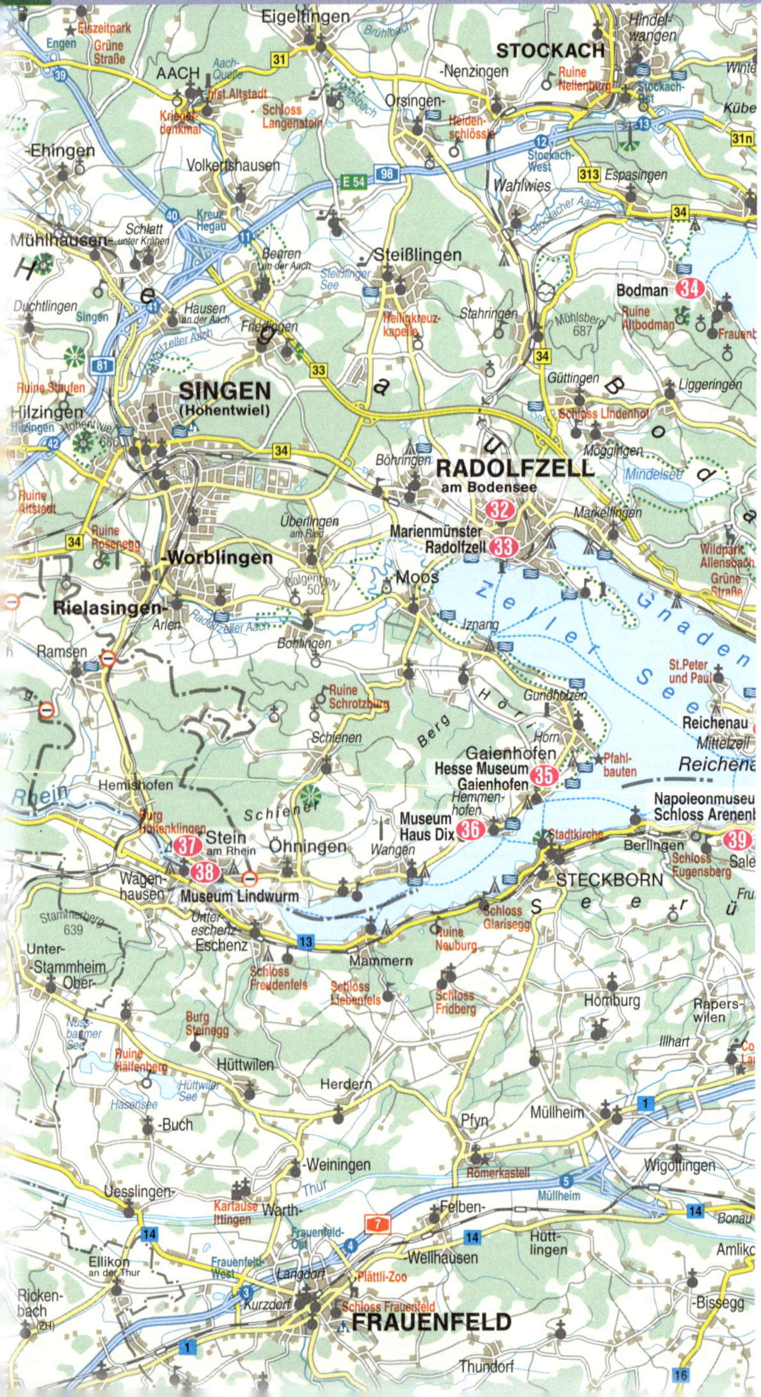

Eiszeitpark
Engen
Grüne Straße
Eigeltingen
Brühlbach
STOCKACH
Hindelwangen
AACH
Aach-Quelle
hist. Altstadt
Kriegerdenkmal
Schloss Langenstein
Orsingen-Nenzingen
Ruine Nellenburg
Stockach-Ost
Heidenschlössle
Stockach-West
Espasingen
Ehingen
Volkertshausen
Wahlwies
Stockacher Aach
Schlatt unter Krähen
Mühlhausen-Ehingen
Kreuz Hegau
Beuren an der Aach
Steißlingen
Steißlinger See
Bodman
34
Duchtlingen
Singen
Hausen an der Aach
Friedingen
Radolfzeller Aach
Stahringen
Mühlsberg 687
Ruine Altbodman
Heiligkreuzkapelle
Güttingen
Liggeringen
Ruine Staufen
SINGEN (Hohentwiel)
Hilzingen
Hohentwiel 686
Schloss Lindenhof
Möggingen
Böhringen
RADOLFZELL am Bodensee
32
Mindelsee
Ruine Altstadt
Ruine Rosenegg
Überlingen am Ried
Marienmünster Radolfzell
33
Markelfingen
Worblingen
Moos
Wildpark Allensbach
Grüne Straße
Rielasingen-Worblingen
Arlen
Bohlingen
Iznang
Zeller See
Gnadensee
Ramsen
Ruine Schrotzburg
Schienen
Gundholzen
Höri
St. Peter und Paul
Reichenau Mittelzell
Horn
Gaienhofen
Hesse Museum Gaienhofen
35
Pfahlbauten
Hemmenhofen
Hemishofen
Rhein
Schiener Berg
Burg Hohenklingen
Stein am Rhein
37
38
Öhningen
Wangen
Museum Haus Dix
36
Napoleonmuseum Schloss Arenenberg
Stadtkirche
Berlingen
39
Schloss Eugensberg
Wagenhausen
Museum Lindwurm
STECKBORN
Seerücken
Stammerberg 639
Unter-eschenz
Eschenz
Schloss Glarisegg
Ruine Neuburg
Unter-Stammheim
Ober-
Schloss Freudenfels
Mammern
Schloss Liebenfels
Schloss Fridberg
Homburg
Raperswilen
Nussbaumer See
Burg Steinegg
Illhart
Ruine Helfenberg
Hüttwilen
Hüttwiler See
Hasensee
Herdern
Buch
Pfyn
Müllheim
Wigoltingen
Weiningen
Römerkastell
Uesslingen
Kartause Ittingen
Warth
Thur
Felben-Wellhausen
Müllheim
Bonau
Frauenfeld-Ost
Hüttlingen
Amlikon
Ellikon an der Thur
Frauenfeld-West
Langdorf
Plättli-Zoo
Rickenbach (ZH)
Kurzdorf
Schloss Frauenfeld
FRAUENFELD
Bissegg
Thundorf
E 54
98
81